Die Sketchnote Starthilfe

Tanja Wehr

Die Sketchnote Starthilfe

mitp

Bibliografische Information der Deutschen Nationalbibliothek
Die Deutsche Nationalbibliothek verzeichnet diese Publikation in der Deutschen Nationalbibliografie; detaillierte bibliografische Daten sind im Internet über <http://dnb.d-nb.de> abrufbar.

Bei der Herstellung des Werkes haben wir uns zukunftsbewusst für umweltverträgliche und wiederverwertbare Materialien entschieden.
Der Inhalt ist auf elementar chlorfreiem Papier gedruckt.

ISBN 978-3-95845-366-1
1. Auflage 2017

http://www.mitp.de
E-Mail: mitp-verlag@sigloch.de
Telefon: +49 7953 / 7189 - 079
Telefax: +49 7953 / 7189 - 082

Lektorat: Sabine Schulz
Sprachkorrektorat: Petra Heubach-Erdmann
Covergestaltung: Tanja Wehr
Satz: Petra Kleinwegen
Druck: Medienhaus Plump, Rheinbreitbach

Bei Instagram findest du mich und
einen kleinen Einblick in alles, was ich so mache:
www.instagram.com/sketchnotelovers

INHALT

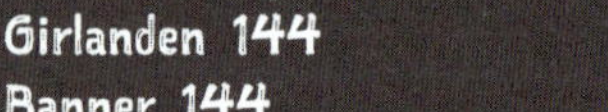

tosen
Freidenker
fuchsteufelswild
Auf Erden

VORWORT

Bevor du deine Entdeckungsreise in das Reich der Visualisierung und Sketchnotes startest, ein paar Worte, warum es dieses Buch gibt.

Der meistgehörte Satz bei einem Graphic-Recording- oder Live-Sketchnoting-Job ist: Das könnte ich nie!

Dann sage ich immer: Es ist Übungssache und der Start ist das A und O!

Der meistgesagte Satz zu Beginn eines Workshops ist:
Ich kann aber nicht zeichnen! Also, so gar nicht.

Das kann ich natürlich nicht so stehen lassen. Nicht jeder kann zeichnen wie ein berühmter bildender Künstler, darauf können wir uns einigen, aber viele trauen sich überhaupt nicht mehr, auch nur ein Strichmännchen zu Papier zu bringen.

Bei manchen geht es so weit, dass sie ihr vermeintliches Unvermögen zu zeichnen mit fehlender Kreativität gleichsetzen. Aber weit gefehlt!

Glaubt mir, ihr könnt alle zeichnen, und zwar viel besser als die meisten eurer Kritiker, möchte ich wetten, nur ist es mit dem Zeichnen ähnlich wie mit Klavierspielen oder Sprachenlernen oder allem anderen. Der Erfolg hängt davon ab, wie man es uns beibringt. Setzt man jemanden einfach vor ein Klavier und erklärt, wie Instrument und Noten funktionieren, wird sicher in 99% der Fälle kein Virtuose dabei herauskommen.

Ich selbst habe Latein in der Schule richtiggehend gehasst. Es war für mich ein Fass ohne Boden. Andauernd kam eine neue Deklination, Konjugation usw. Ich habe also nach dem kleinen Latinum dankbar die Segel gestrichen. Mein Schock hätte deshalb nicht größer sein können, als ich bei der Einschreibung zu meinem geisteswissenschaftlichen Wunschstudium nach meinem großen Latinum gefragt wurde. Mir hatte man gesagt, das brauche man nur für Medizin oder Germanistik. Super, dachte ich, das war's dann mit dem Studium, das schaffe ich nie. Aber ich hatte die Rechnung ohne meine neue Lateinlehrerin gemacht. Sie vermittelte die Sprache so übersichtlich und verständlich, dass ich später einen Teil meines Studiums mit Latein-Nachhilfe finanziert habe.

Also sagt niemals wieder: »Ich kann nicht zeichnen« oder »Sketchnotes, das könnte ich nie!« Die Zeiten sind jetzt vorbei. Dieses Buch basiert auf meinem in der Praxis bewährten Workshop-Konzept, mit dem ich schon vielen Menschen die Scheu vor dem Stift genommen habe. Es kommt aus der Anwendung und es funktioniert. Es soll eine Hilfe sein, die Theorie in die Praxis zu transportieren und ins sketchnoterische Zeichnen zu kommen. Ohne Stress und Druck, aber mit viel Spaß und coolen Ergebnissen.

JEDER KANN ZEICHNEN & SKETCHNOTES AUCH!

Der Mensch,
das Augenwesen,
braucht das Bild.
Leonardo da Vinci

Über die Autorin

Tanja Wehr hat schon immer gerne herumgekritzelt und alles mit Farbe und Formen verbessert: fand sie – verunstaltet: fand ihre Bio-Lehrerin. Die logische Konsequenz ihrer Biographie ist ihre heutige Tätigkeit. Sie ist mit ihrer Firma Sketchnotelovers ein etabliertes Mitglied in der deutschen Visualisierer-Szene. Als Trainerin mit fast 20 Jahren Erfahrung bringt sie in Inhouse-Schulungen oder freien Workshops anderen bei, die Technik der Sketchnotes zu erlernen, um so ihre Kreativität wiederzuentdecken und nutzbringend für die Innovationskultur im Unternehmen, das Festhalten komplexer Gedankengänge oder das nachhaltige Notieren wichtiger Prozesse, Projektideen oder Events anzuwenden. Daneben organisiert sie die Meetups VIZTHINK Mitte, die regelmäßig viele Visualisierungsbegeisterte zusammenbringen.

Tanja Wehr begleitet deutschlandweit Veranstaltungen als Graphic Recorderin und Sketchnoterin und verhilft zu klarerer Kommunikation und nachhaltiger Verständlichkeit. Die zunehmende Beliebtheit und Ernsthaftigkeit, mit der das Visuelle in der heutigen Welt genutzt wird, freut sie sehr. Sie ist süchtig nach TED-Talks, gutem Kaffee und würde für ein schönes Notizbuch jedes Paar Schuhe stehen lassen.

Ihre Webseite ist www.sketchnotelovers.de.

Kapitel 1

Einführung

Dieses Kapitel ist ein Aktivator für deine Kreativität und stärkt deinen Mut, einfach mal etwas auszuprobieren.

Kreatives Selbstvertrauen - Schick deinen Perfektionismus in die Cafeteria

In fünf Sekunden ein Fahrrad zeichnen

Acht Tipps für einen guten Start

Was du brauchst: Papier & Stifte

Visuelle Notizen

durch Reduktion der Komplexität

sie sind nachhaltig,
schnell zu erfassen

zeichnen anschauen

WIE MACHE ICH SKETCHNOTES?

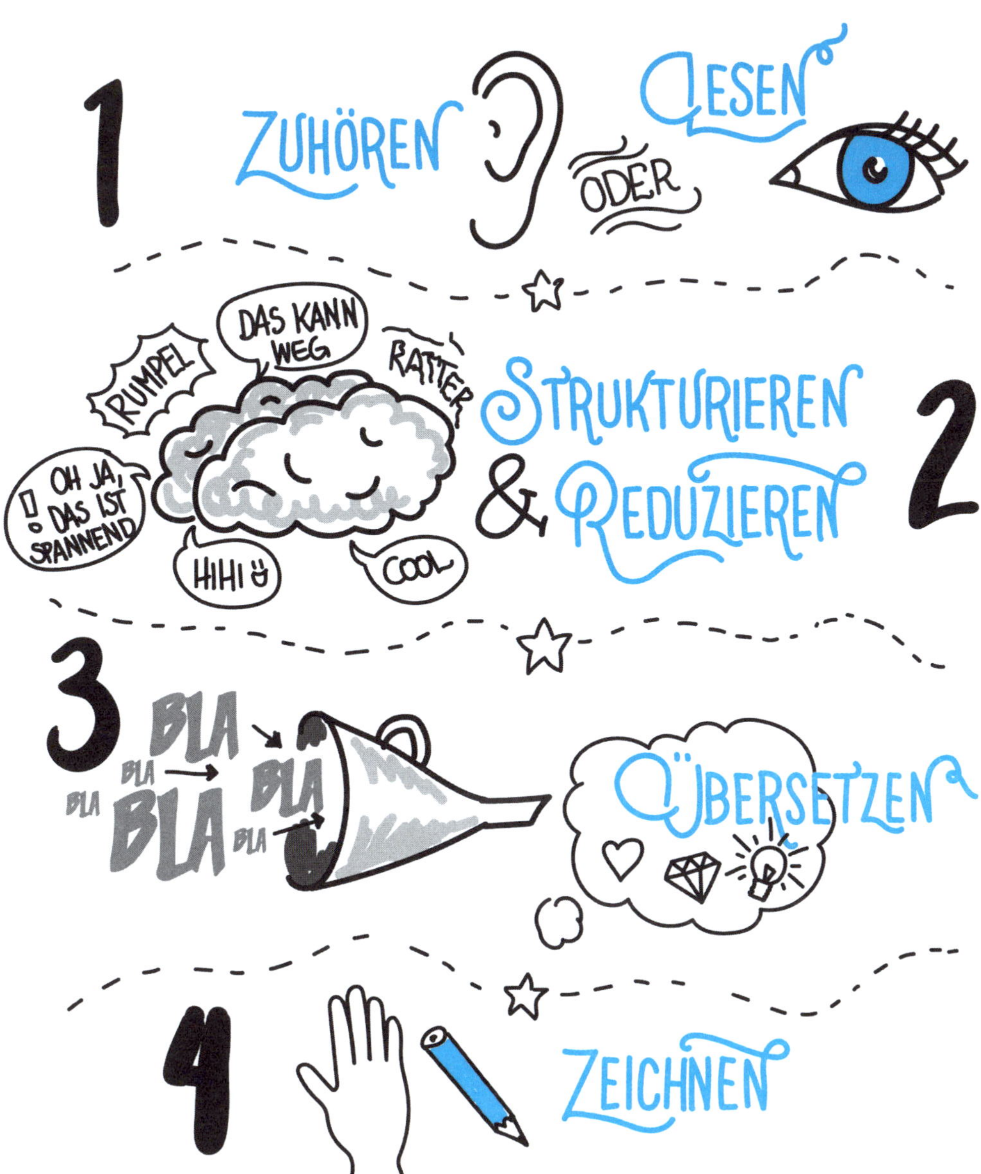

Fertig!

Kreatives Selbstvertrauen

Beim Start ins Sketchnoter-Leben ist eine Sache enorm wichtig: Man muss sich etwas trauen. Sketchnotes bergen einige Herausforderungen:

- Man muss sich trauen, Dinge wegzulassen und Inhalte zu reduzieren.
- Man muss Gehörtes in Bilder übersetzen.
- Man muss im Fall eines Live-Vortrags schnell sein und parallel zuhören und zeichnen/schreiben.
- Am Ende sollte das Ganze auch noch lesbar sein und wenn irgendwie möglich noch ansprechend aussehen.

Ja, ich weiß, das ist erst mal ein Brett. Wie kann man das schaffen und dann womöglich noch, wenn man ja eigentlich gar nicht zeichnen kann? Da fangen in der Regel die Selbstzweifel an und damit einher geht die verpasste Chance, einfach zu starten.

Hintergrund für diese Unsicherheit ist meist die Erinnerung an eine Bewertung durch andere. Sei es in der Schule oder zu Hause. Irgendwann hat jemand gesagt: Was soll das denn sein? Oder noch schlimmer: Du kannst nun wirklich überhaupt nicht zeichnen! Und schon ist es um unsere Bereitschaft, zum Stift zu greifen, geschehen.

Damit wir wieder in die Phase kommen, in der wir als Kinder waren, wo nichts vor unseren Wachsmalern sicher war, gibt es ein paar Übungen.

Zunächst und als erster Einstieg in das, was dich in den nächsten Kapiteln noch erwarten wird, eine einfache Illustration.

Kannst du in fünf Sekunden ein Fahrrad zeichnen?

Als ich an der Kunsthochschule angefangen habe, waren wir alle sehr aufgeregt und nervös, aber auch ziemlich stolz, dass wir dort saßen, wo wir saßen. Der Zahn mit dem Stolz ist uns dann schnell gezogen worden. Der Prof kam rein zur ersten Stunde und meinte nur: Zeichnen Sie ein Fahrrad so detailliert wie möglich. Es gab natürlich keins zur Anschauung. Tja, da waren wir dann nur noch ganz klein mit Hut und fragten uns auf einmal: Hmmm, der Lenker ist ja irgendwie mit dem Rad verbunden, aber das kann sich ja drehen, wie hängt das denn dann am Rahmen? Oder wie sieht eigentlich eine Gangschaltung, Bremse etc. aus. Und das, obwohl wir teilweise mit dem Fahrrad zum Seminar gefahren waren. Wir hatten 20 Minuten, und richtig gut hinbekommen haben wir es alle nicht. Was für ein Glück, dass es bei Sketchnotes niemanden interessiert, ob dein Fahrrad eine Bremse hat oder ob es mit einer Ketten- oder Nabenschaltung ausgestattet ist.

Falls du eben gedacht hast, »Ein Fahrrad zeichnen? Das ist doch überhaupt kein Thema« – versuch einfach, den Kassenbon zu finden und das Buch umzutauschen. Wenn du aber gedacht hast: »Mal eben ein Fahrrad zeichnen? In fünf Sekunden? Scherzkeks, dann hätte ich sicherlich nicht dieses Buch gekauft …« Gut, denn dann bist du genau die Person, für die jetzt die Erfolgsserie startet.

Nächste Frage wäre nämlich: Kannst du ein M, O und I schreiben?

Ja? Gut, denn das ist dein Fahrrad.

Du startest mit einem M.

Es folgen zwei Is, die auf der Seite liegen.

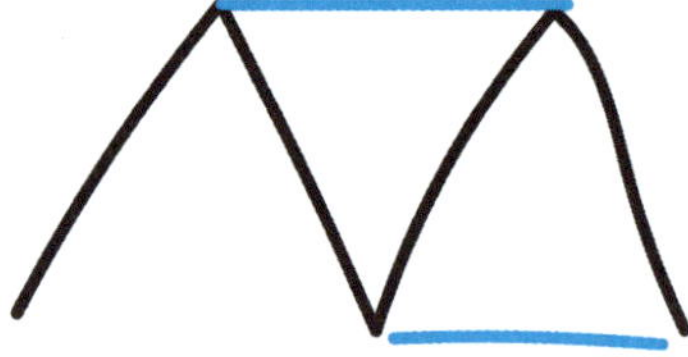

Und noch zwei Os für die Räder.

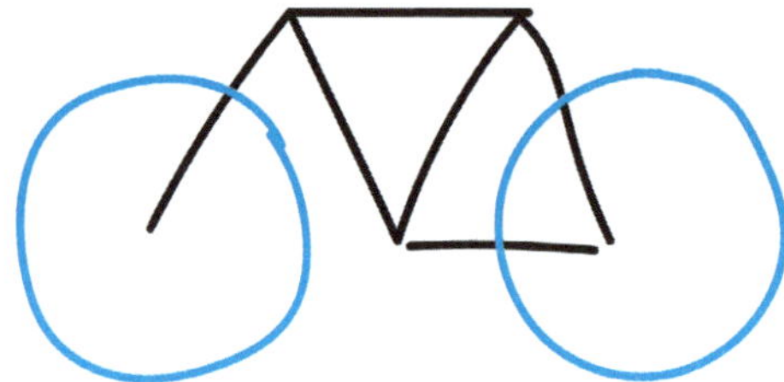

Und um das Ganze noch wie ein Fahrrad aussehen zu lassen, braucht man noch einen Lenker,

einen Sattel,

und für den netten Effekt noch Licht.

So einfach geht das, und wenn du es ein paar Mal geübt hast, wirst du sehen, das kannst du im Schlaf und in fünf Sekunden. Und wenn dir das Spaß gemacht hat, freu dich schon mal auf Kapitel 3, da gibt es ganz viele Strich-für-Strich-Anleitungen.

Es gibt noch mehr schöne Übungen.

Der amerikanische Kreativitätsforscher Bob McKim von der Universität Stanford hat diverse Aufgaben entwickelt, die uns spielerisch zeigen, wie kreativ wir eigentlich sind und wie wenig wir es wahrnehmen, aber auch, wo es hakt.

Zwei davon möchte ich als Einstieg einmal vorstellen, weil ich damit gute Erfahrungen gemacht habe und sie einfach nachzumachen sind.

ÜBUNG 1: 30-Sekunden-Porträt

Bei dieser Übung brauchst du ein Gegenüber. Setzt euch vis-à-vis und nehmt ein Stück Papier und einen Stift. Stellt den Timer auf 30 Sekunden. Und jetzt zeichnet euch gegenseitig, ohne auf das Papier zu schauen.

Hier siehst du ein Porträt, das ein enorm guter Urban-Sketcher von mir bei der re:publica gezeichnet hat. Meins von ihm war nicht besser. Kaum jemand schafft es, etwas Perfektes hinzubekommen. Wenn man diese Übung in einem Workshop macht, gibt es viel Gelächter und eine Menge Entschuldigungen – immer. Macht man sie mit kleineren Kindern, gibt es keine Hemmungen und mit Stolz und ohne Scheu wird das Ergebnis jedem gezeigt. Dahin, hoffe ich, dich mit diesem Buch wieder zu bekommen.

Sei stolz auf das, was du kannst, und zeige es der Welt!

ÜBUNG 2: 30 KREISE

Druck dir 30 gleich große Kreise auf ein Stück Papier. Eine Vorlage kannst du dir auch auf der Webseite zum Buch herunterladen. Nun fülle in einer vorgegebenen Zeit, etwa fünf oder zehn Minuten, alle Kreise mit einem Gegenstand, der den Kreis als Grundform mit aufnimmt. Wir haben das schon mal bei einem Vizthink-Meetup gemacht und alle stöhnten, dass es keine 30 Sachen gibt. Am Ende hatten 25 Leute zusammen über 120 unterschiedliche Dinge gefunden und beim Betrachten kamen gleich noch mehr Ideen. Wenn du deine ersten Kreise gefüllt hast, sollte dein Selbstvertrauen schon um einige Prozentpunkte gestiegen sein.

Und ein Punkt, der nie vergessen werden darf, ist der Spaß an der Sache.

Finde etwas, was dir Spaß macht, und probiere dich aus.

Meine bessere Hälfte hat vor einigen Jahren angefangen zu zeichnen. Ich habe ein wenig die Hoffnung, dass ich einer der Auslöser war, denn wenn man tagein, tagaus mit jemandem lebt, der ziemlich oft vor sich hinkritzelt, färbt das vielleicht ab. Vor allem aber war es das Buch von Danny Gregory, »The creative licence«, das ihn auf die Idee brachte, ein sogenanntes daily journal zu führen. Also eine Art gezeichnetes Tagebuch.

Am Anfang hat er es niemandem gezeigt und nur immer wieder in sein kleines, nur DIN A6 großes Büchlein gezeichnet. Nicht jeden Tag und nicht auf Teufel komm raus, aber er hat es immer dabei und manchmal, wenn wir in einem Café sitzen, skizziert er schnell mal den Zuckerstreuer, das Tassenensemble oder die Menschen am Nachbartisch und schreibt auch manchmal etwas dazu.

Wie beim Kochen, wo dasselbe Gericht von uns beiden gekocht komplett anders schmeckt, aber in beiden Fällen nicht schlecht, ist es auch beim Zeichnen.

Er hat seinen eigenen Weg und Stil gefunden und auch sein eigenes Medium. Inzwischen zeichnet er auch viel auf Reisen, und während ich da zum Fotoapparat greife und zwanzig Fotos schieße, hat er liebevoll den Delfin am Bernini-Brunnen auf der Piazza Navona in seinem Notizbuch festgehalten. Hauptsächlich, weil er fand, dass das nicht wirklich wie ein Delfin aussah. Das sind zauberhafte Erinnerungen und haben über die Jahre sein kreatives Selbstvertrauen gestärkt.

Während er am Anfang noch gesagt hätte, er kann nicht wirklich zeichnen, ist er inzwischen selbstbewusster und zeigt seine Skizzen auch und freut sich über die tollen Rückmeldungen.

ACHT TIPPS
für einen guten Start

In kleinen Schritten

Lass es langsam angehen. Es stresst dich nur, wenn du von heute auf morgen dein Aufzeichnungsverhalten komplett änderst. Fang mit kleinen Veränderungen bei deinen täglichen Notizen an.

- ein Icon statt ausgeschriebenem Text
- eine Überschrift in einer anderen Schriftart
- etwas farbig hervorheben

Mit wachsender Sicherheit werden schon bald die Sketchnotes nur so aus deinem Stift fließen.

Nicht alles muss ein Bild werden

Bei dem Versuch, Bruttosozialprodukt in ein klar verständliches Bild zu packen, werden 99% aller Visualisierer scheitern. Manche Dinge sind zu komplex, abstrakt oder umfassend für ein Icon. Dafür gibt es verschiedene Schriftarten oder Rahmen, die es hervorheben können. Sketchnotes sind eine ausgewogene Mischung aus Schrift und Bildern. In Teil 2 findest du viele Schriftarten, die leicht und schnell zu schreiben sind.

Bye bye Perfektionismus

Zu Beginn eines Workshops muss der Perfektionismus der Teilnehmer in die Cafeteria. Da sollte er auch bleiben. Es ist schade, wenn man ständig unzufrieden ist. Zeig deine Werke einfach mal anderen und du wirst sehen: Die finden es super.

Und das führt gleich zum nächsten wichtigen Tipp:

Nimm Lob an

Hör auf die Anerkennung von Menschen, die sehen, was du machst. Ich bin mir ganz sicher, deine Visualisierungsfertigkeiten werden von deinem Umfeld bewundert. So schlecht kann es also nicht sein, und den Mut zu haben, andere Wege zu gehen, wird belohnt. Das verspreche ich dir.

Weniger ist mehr

Nicht vergessen: Sketchnotes wollen reduziert visualisieren. Wenn du anfängst, zu detailliert zu zeichnen oder zu schreiben, wirst du wahrscheinlich weder mit dem Platz noch mit der Zeit hinkommen. Es geht darum, die Idee zu erkennen, nicht Kunst zu schaffen, und dafür reichen oft wenige Schritte.

Finde deinen Stil

Wenn man anfängt zu visualisieren, orientiert man sich oft an Standardhilfswerken. Das ist auch gut so. Doch mit zunehmender Erfahrung solltest du versuchen, deinen eigenen Stil zu finden. Welche Themenwelten faszinieren dich, welche Zeichen, Icons und Symbole magst du? Versuche, diese Vorliebe auszunutzen, und erstelle dein eigenes Vokabular. In Kapitel II findest du Hilfestellung, damit du schneller ans Ziel kommst.

Bereite dich vor

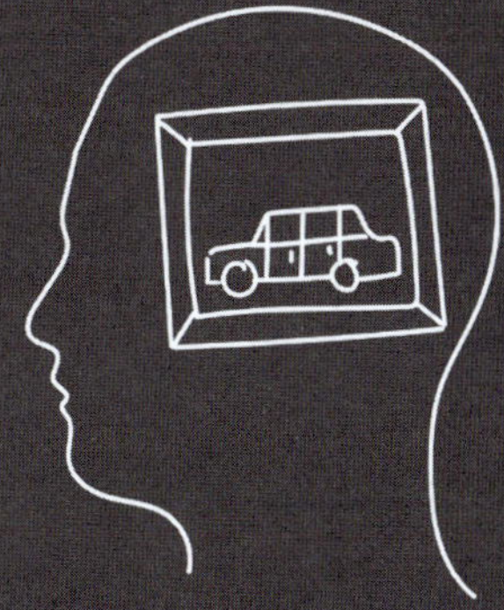

Es schadet nie, sich im Vorfeld ein paar Gedanken zu machen, welcher Aspekt eines Themas wichtig ist und wie man ihn gut visualisieren kann. Wenn das Thema dann zur Sprache kommt, hat man schon ein Bild im Kopf.

Üben, üben, üben

Das A und O, um besser zu werden, ist ganz altmodisch üben. Damit das nicht allzu schwerfällt, gibt es in jedem Kapitel Übungen. Da unsere Kalender voll sind und Extrazeit oft schwer zu finden ist, gibt es Übungen für jedes Zeitfenster (1–5 Minuten, 15 Minuten, 30–60 Minuten). Je nach Situation sollte es euch so gelingen, am Ball zu bleiben.

WAS DU BRAUCHST

Baut man einen Schrank auf, ist gutes Werkzeug mindestens genauso entscheidend wie ein gewisses handwerkliches Geschick und eine gute Anleitung. Nicht umsonst sind inzwischen nicht nur bei dem schwedischen Möbelhaus die Anleitungen oft bebildert. Aber zurück zum Werkzeug. Dieses Buch ist als eine illustrierte Gebrauchsanweisung für den Bau einer Sketchnote gedacht, doch welchen Hammer, Schraubenzieher oder welche Zange du nutzt, also mit welchen Stiften du auf welches Papier zeichnest, ist mitentscheidend für den Erfolg. Na ja, zumindest für den Spaßfaktor und eine niedrige Frustrationsrate. Daher hier vorweg eine kleine Einkaufsliste.

PAPIER

Am Anfang ist sogenanntes »dotted« oder punktkariertes Papier sehr empfehlenswert. Es hat zwar eine Lineatur, die aber nicht so massiv ist wie etwa bei kariertem Papier. Sie hilft sehr gut, Höhen und Abstände gleichmäßig hinzubekommen und verhältnismäßig gerade zu arbeiten. Wenn du reinweißes Papier bevorzugst, such dir eins, das weich ist und den Stift nicht bremst. Probier unbedingt verschiedene Papiere aus. Übrigens: Auf meiner Webseite findest du Tests und Empfehlungen aus allen Bereichen der Materialien.

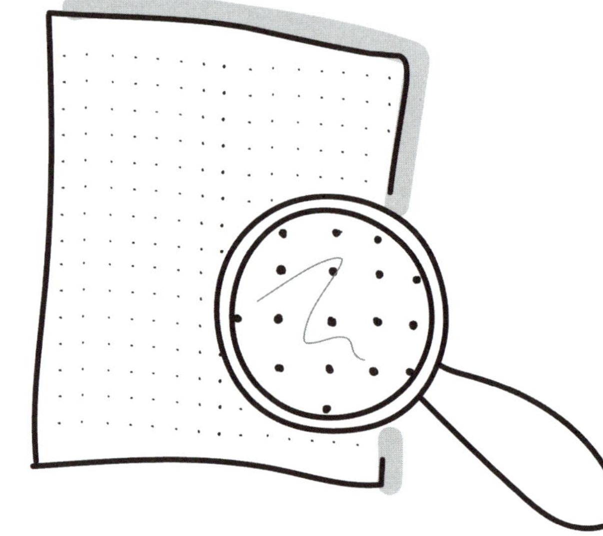

STIFTE

Fineliner

Die Grundausstattung sollte aus schwarzen Pigment-Finelinern bestehen, die wasserfest sind und schnell trocknen. Die Spitzen der guten Firmen variieren zwischen 0,05 und 1,0 mm Breite. Was gefällt, ist sehr unterschiedlich und hängt auch mit der Größe der Schrift zusammen. Schreibst du eher klein, werden für dich die dünnen Spitzen besser funktionieren.

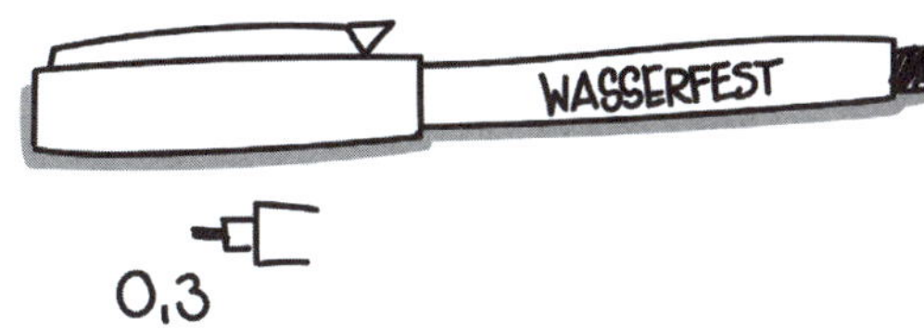

Die Vorlieben sind da sehr gemischt. Für den Anfang empfehle ich eine 0,3-mm-Spitze. Bei mir hat es sich von sehr fein zu heute meistens 0,3-0,5 mm entwickelt.

Bleistift

Wichtig ist zudem ein Bleistift, der nicht schmiert und gut wieder wegzuradieren ist.

Da ist die Frage dann: hart (H) oder weich (bis 8B)?

Wenn du es schaffst, ganz zart zu zeichnen, ohne aufzudrücken, ist ein harter Bleistift besser, weil man ihn prima wieder wegradieren kann. Aber, wie gesagt, nicht aufdrücken, sonst hat man Ritzungen im Papier, die auch der Radierer nicht wegbekommt. Weiche Bleistifte sind sehr schön zum Zeichnen und Skizzieren, lassen sich aber oft nur schwer rückstandsfrei wegradieren.

DER ZAUBERSTIFT

Wenn die Teilnehmenden meiner Workshops ihre Starterkits auspacken, freuen sich immer alle wie die Kinder über die Stifte und wundern sich geschlossen über einen hellgrauen Marker, der immer dabei ist. Gelb, Türkis und Orange – okay, aber Grau? Da Schatten sensationell einfach optische Effekte der Extraklasse ins Bild bringen, ist ein hellgrauer Stift sehr hilfreich und elementar. Binnen Kurzem ist es der beliebteste Vertreter im Kit.

UND AUSSERDEM

Daneben ist ein guter Radiergummi sinnvoll und ein Lineal, um Hilfslinien zu ziehen. Manche Sketchnoter haben auch wieder ihren Zirkel aus Schultagen rausgekramt, denn ab und an kann man einen Kreis, der nicht aussieht wie ein Ballon ohne Luft, gebrauchen.

DOWNLOADS ZUM BUCH

Alle im Buch erwähnten Downloads findest du auf der Webseite zum Buch unter www.mitp.de/366 und auf der Webseite der Autorin unter www.sketchnotelovers.de.

VIEL SPASS
AUF DEINER
ENTDECKUNGS-
TOUR
PLANET
Sketchnote

TEIL 1

BILDSPRACHE

Dieser Teil ist ein Katalog aus einfachen Zeichnungen aus unterschiedlichen Kategorien. Durch die bewährte Strich-für-Strich-Methode ist das Nachzeichnen ganz einfach.

Kapitel 2

Bilderwelten

Zehn Symbole für den Start
Werkzeuge
Reisen
Alltagsdinge & Haushalt
Outer Space
Meer
Architektur
Outdoor
Umwelt
Medien
Wetter
Sport
Lebensmittel
Wissenschaft & Medizin
Büro & Wirtschaft
Origami-Icons

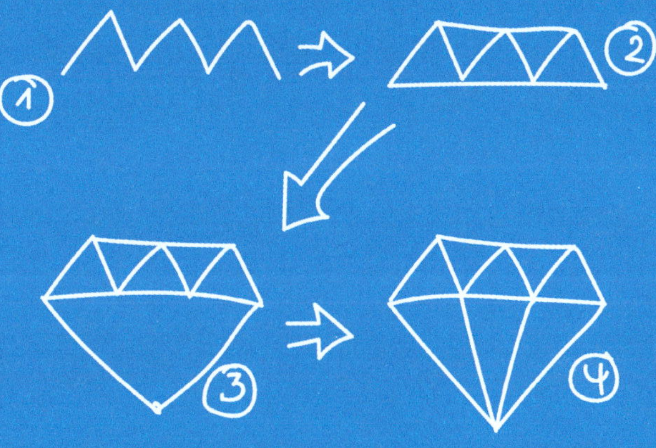

Kleine Zeichnungen sind der wesentliche Bestandteil einer Sketchnote, finde ich. Sie machen einen großen Prozentsatz des Aha-Effekts aus. Es gibt auch Sketchnotes, die nur aus Schrift bestehen, die mir als Schriftenverrückte natürlich auch gut gefallen, aber für das Verständnis und die Erinnerungsfähigkeit sind einfache Symbole, Icons oder Piktogramme unendlich hilfreich.

Unterteilt habe ich für mich die Bildsprache in drei Bereiche:

1. Reale Objekte und abstrakte Begriffe

Du findest im Buch ganz viele Zeichnungen realer Objekte, die du in deinen Sketchnotes verwenden kannst.

Freude, Erfolg und Co. haben aber kein konkretes Bild, das für alle Menschen gleich ist, daher brauchen sie eine visuelle Metapher, die für jeden sofort eine Assoziation mit dem Begriff bringt.

Deshalb sind sehr viele Zeichnungen für reale Objekte zugleich ein Bild für einen abstrakten Begriff, z.B. ein Auto für Mobilität, ein Schirm für Schirmherrschaft, ein Diamant für Werte usw. Wenn du also Bilder für abstrakte Begriffe suchst, solltest du dir alle Bilderwelten ansehen, auch solche, bei denen du denkst, dass du thematisch nichts damit zu tun hast. Überall findest du Hinweise und Ideen, für welche abstrakten Begriffe die konkreten Bilder stehen können: ein Eisberg aus der Bilderwelt Reisen für unbekannte Risiken, ein Satellit aus der Bilderwelt Outer Space für Kommunikation usw. Lass dich inspirieren!

2. Hilfsmittel

Manche Zeichnungsteile haben hauptsächlich den Zweck, etwas hervorzuheben oder Dinge voneinander zu trennen. Sie sind also eigentlich »nur« Assistenten, aber doch enorm wichtig. Das sind zum Beispiel Überschriftenbanner oder Rahmen.

Auf den folgenden Seiten gibt es zu allem viele Beispiele, die du mit der Strich-für-Strich-Methode einfach nachzeichnen kannst.

3. Emotionen und Haltung

Durch Gesichter bekommt man den emotionalen Faktor in die Sketchnotes. Dabei ist es meiner Meinung nach wichtig, zwischen zwei Bereichen zu unterscheiden:

Emotionen – hierfür benötigst du eher ein Gesicht.

Haltung – hierfür benötigst du eher eine Gestalt.

REALE OBJEKTE UND ABSTRAKTE BEGRIFFE

Die Bandbreite der Dinge, die in einer Sketchnote auftauchen können, ist unendlich. Alles kann in dem ein oder anderen Fall genutzt werden. Für den Anfang reicht aber ein Repertoire von einigen grundlegenden Objekten und damit kommst du schon mal gut vorwärts.

Ich habe mal einige Bilderwelten zusammengestellt und zeige dir anschließend in Strich-für-Strich-Anleitungen, wie du alles einfach nachzeichnen kannst.

Beginnen werde ich mit zehn Symbolen, die dir den Start erleichtern. Ich nutze sie sehr oft für alles Mögliche.

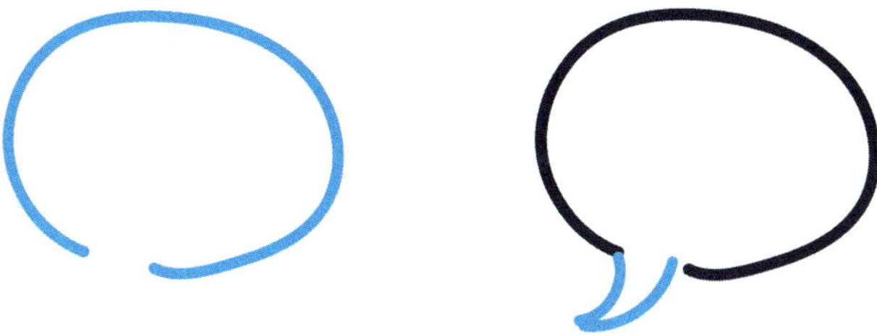

Die Sprechblase ist eines der einfachsten Symbole. Sie steht bei mir für Kommunikation im Allgemeinen, aber auch für Diskussion, Feedback oder Gespräch. Einfacher ist es immer, wenn du erst das Oval zeichnest und eine kleine Lücke etwas versetzt von der Mitte lässt. Dort setzt du dann den kleinen Zipfel ein.

In der heutigen Zeit sehr wichtig: das Smartphone. Es kann für Verbindung stehen, Apps, Erreichbarkeit, Mobile Data, Digitale Transformation und vieles mehr.

Der Diamant kann für Werte, Glanz, Schatz oder einfach für Vermögen stehen.

Das Buch ist wunderbar geeignet für Dokumentation, Notizen, Erinnerungen oder wirklich das Buch als Buch.

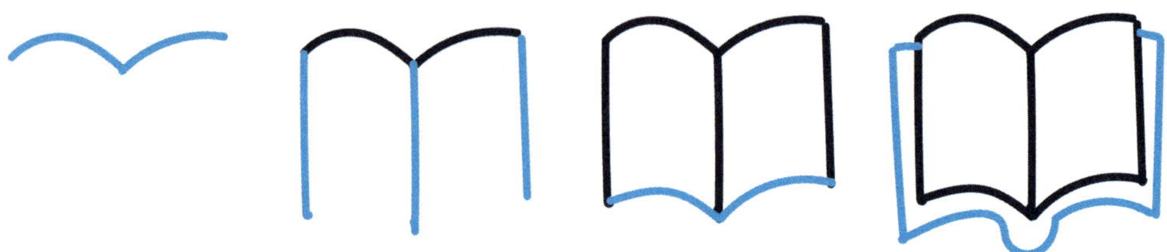

Einen Stift kann man immer gebrauchen.

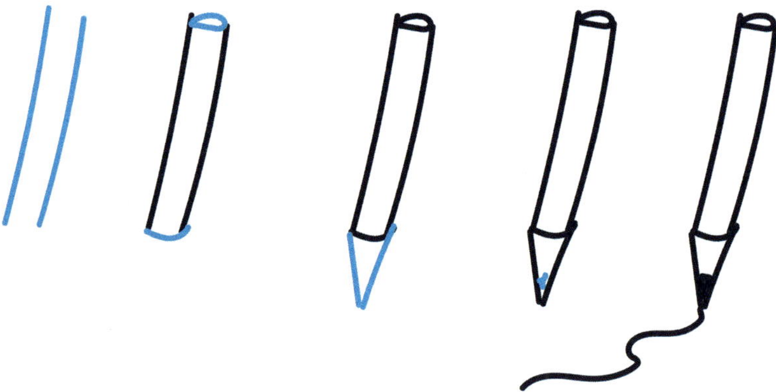

Und wenn du die beiden letzten Bilder kombinierst, hast du schon dein erstes komplexeres Symbol geschaffen.

Ein PC ist ein wunderbares Symbol für alles Digitale, aber auch für Webseiten, Internet oder Online.

Am allerhäufigsten benutze ich die Glühbirne. Sie steht für Idee, Innovation, Energie und und und. Wenn du die Strahlen rings um die Birne im Wechsel kurz und lang zeichnest, leuchtet sie besonders schön.

Mobilität ist ein wichtiges Schlagwort der heutigen Zeit. Ich zeichne dafür entweder ein Fahrrad oder, wie hier, ein einfaches Auto.

Ein Symbol, das vielleicht nicht so häufig vorkommt, das ich aber immer sehr hilfreich finde, ist der Aktenordner. Ich verwende es für Dokumentation, wichtige Formulare und Dinge, die aufbewahrt werden sollen.

So, jetzt hast du schon die ersten neun Icons gelernt und verdienst eine kleine Pause. Das ist auch in vielen anderen Kontexten ein wichtiges Stichwort, deswegen gibt es zum Abschluss der ersten Bilderwelt DAS Zeichen für Pause: die Kaffeetasse.

Bilderwelt Werkzeuge & Co.

Werkzeuge sind super geeignet, um für ToDos, Verbesserungen, Updates, Nacharbeiten, aber auch Workshop, Anwendung, Tools und vieles mehr zu stehen. Hier ein paar Basis-Werkzeuge.

Ich gebe zu, ein Magnet ist nicht wirklich ein typisches Werkzeug, aber als Symbol ist er wirklich hilfreich. Ich benutze es oft für Anziehung auch im Bereich Personalentwicklung, ein attraktives Unternehmen, das ein Mitarbeitermagnet ist, zum Beispiel. Du kannst es ganz einfach zeichnen und mit ein wenig roter Farbe ist es ein klassisches Exemplar.

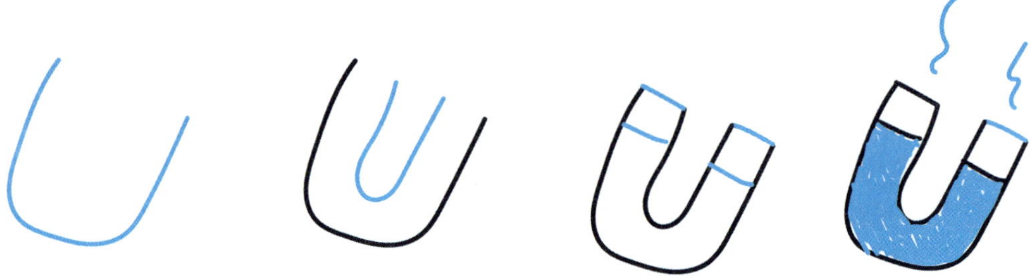

Der Hammer ist ein wunderbares Sinnbild für Werkzeug per se und ist für mich auch sehr gut als Symbol für Handwerk geeignet.

Schraubenzieher und Schraubenschlüssel können gut genutzt werden, um zu zeigen, dass hier noch nachgebessert werden muss, Updates gemacht werden müssen oder noch weiter an einer Sache gearbeitet werden muss.

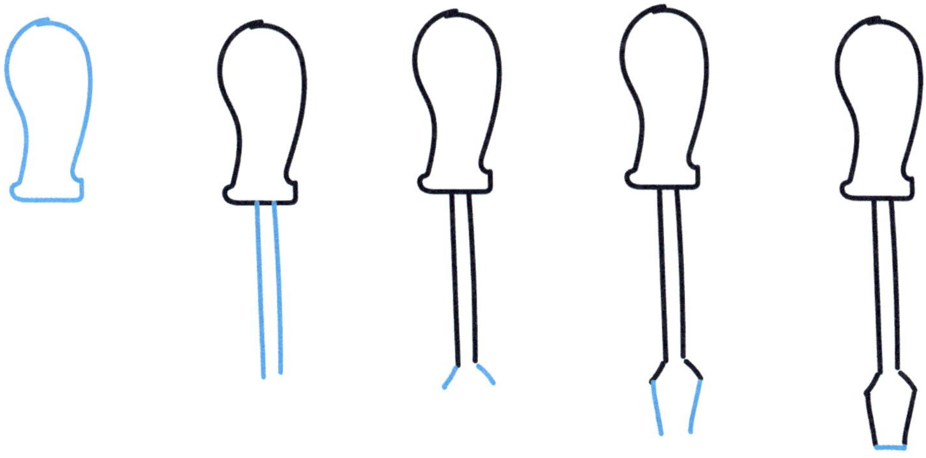

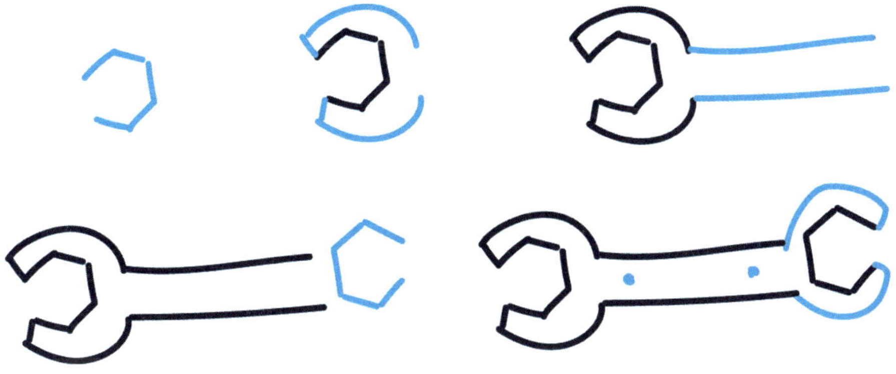

Das Maßband ist natürlich das Bild für Messen, Maßnehmen und alles rund ums Vermessen.

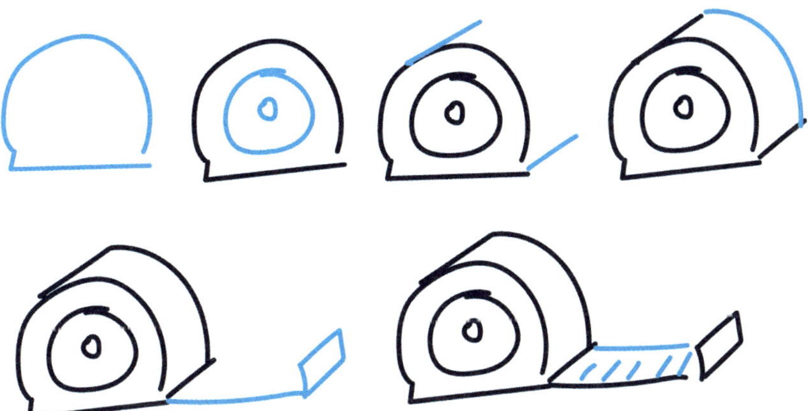

Scheren brauche ich oft. Sie stehen bei mir gerne auch für abgeschlossene Bereiche, die nichts mit anderen zu tun haben, oder Module, die unabhängig genutzt werden können und derlei mehr.

Die Farbrolle mag ich besonders gern. Ich nutze sie für Veränderungsprozesse oder wenn es um Verschönerungsmaßnahmen geht.

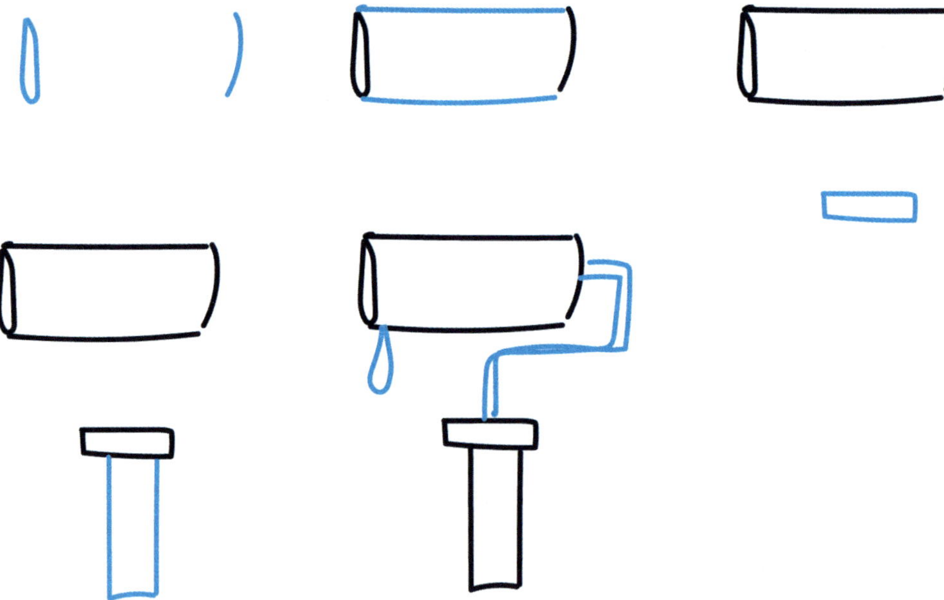

Mutter und Schraube sind gute Bilder für zwei Sachen, die zusammenarbeiten müssen und dann gut funktionieren.

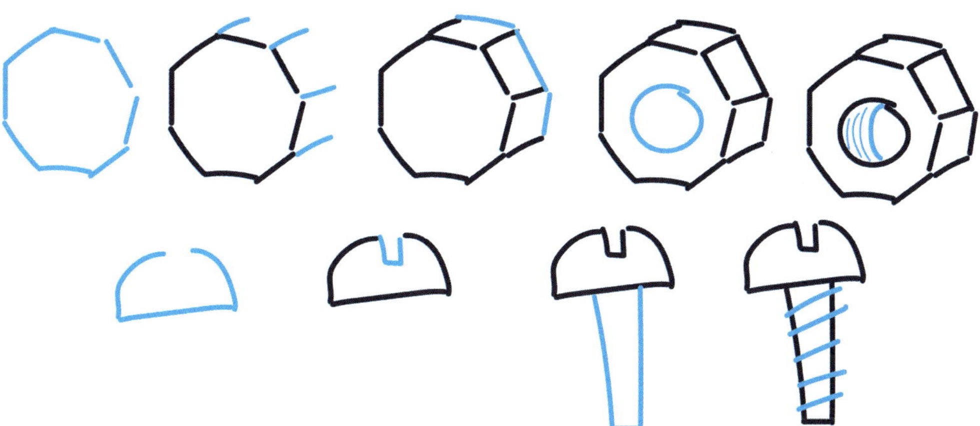

Manchmal braucht man auch eine Zange oder eine Säge.

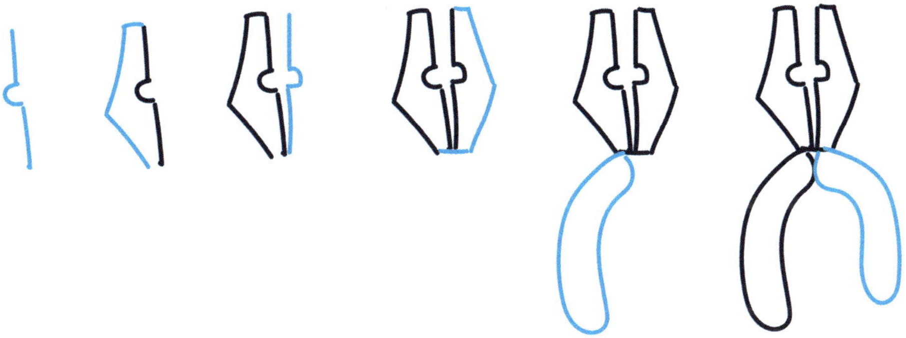

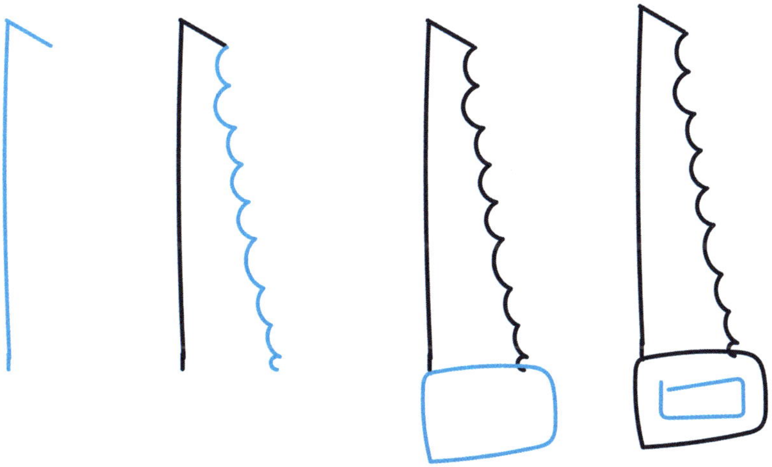

Etwas schwieriger, aber sehr hilfreich, sind Zahnräder. Großartig für Prozesse und Abläufe.

Ich zeichne mir immer mit Bleistift zunächst diese gekreuzten Linien (in der Zeichnung grau) und dann einen Kreis darüber. Als Nächstes zeichne ich über jedes Ende der Linien eine eckige Klammer, die sich an dem Kreis orientiert, das heißt der Querstrich ist ungefähr parallel zu der Linie des Kreises. Verbindet man dann die unteren Enden der Klammern miteinander, ebenfalls wieder parallel zur Kreislinie, erhält man ein Zahnrad. Das Rad kannst du dann noch mit einem Innenleben versehen oder du ziehst einfach die Hilfslinien nach. Ansonsten einfach wegradieren. Anschließend kann man das Zahnrad noch ausfüllen und dann noch einige weitere dazu ergänzen, um das Vernetzen und Ineinandergreifen zu verdeutlichen. Mit ein wenig Übung geht das zunehmend schneller.

Bilderwelt Reisen

Viele wunderbare Metaphern verbergen sich in der Reisewelt. Also hier ein paar einfache Symbole, die vielseitig einsetzbar sind.

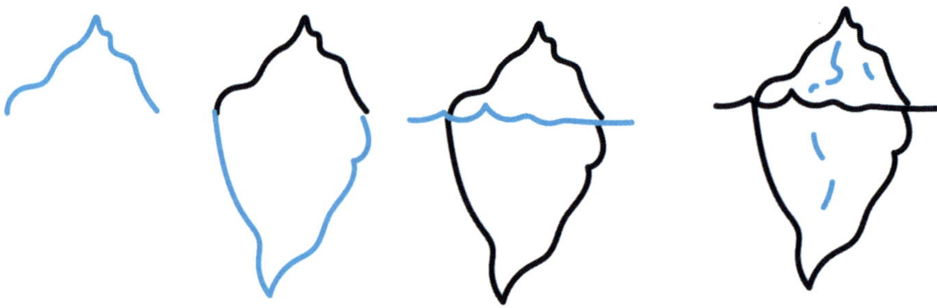

Der Eisberg ist nicht nur für das gleichnamige Modell interessant, sondern auch sehr gut für die unbekannten Risiken zu nutzen, die einem Unterfangen drohen. Er geht ganz einfach, wenn du mit der Oberfläche anfängst und dann im Verhältnis dazu eine gespiegelte, aber deutlich größere Entsprechung unter Wasser ergänzt. Ein paar Wellen und einige krickelige Linien – fertig.

Ein Symbol, das ich sehr häufig nutze, ist der Globus. Für mich visualisiert er Globalisierung, internationale Aspekte, Makroebene und vieles mehr. Heißt es irgendwo, man muss den Fokus weiter setzen, ist für mich der Globus das Bild dafür. Kümmer dich nicht darum, wie die genauen Umrisse der Länder sind, sondern mach einfach ein paar krumme Flächen drauf. Eines sieht bei mir meistens wie Afrika aus, aber der Rest passt nie. Egal, jeder erkennt, was du meinst. Einzige Ausnahme: Du zeichnest irgendwas für Erdkundelehrer, glaub mir, da musst du genau sein. :)

Die nächsten Symbole stammen alle aus der Familie der Transportmittel. Genau dafür nutze ich sie auch. Die Straßenbahn steht bei mir immer für Öffentlichen Personen-Nahverkehr. Flugzeuge für Langstreckenreisen, Autos auch für Mobilität. Das kann sich sowohl auf einen geschäftlichen Kontext beziehen als auch auf einen privaten.

Bei dem Flugzeug habe ich am Anfang immer mit den typischen seitlichen Icons gearbeitet, aber dann irgendwann festgestellt, dass es von vorne viel einfacher zu zeichnen ist, und bin dann umgestiegen. Wenn du eine Vorlage von der Seite willst, schau dir einfach die Piktogramme für Flughäfen an.

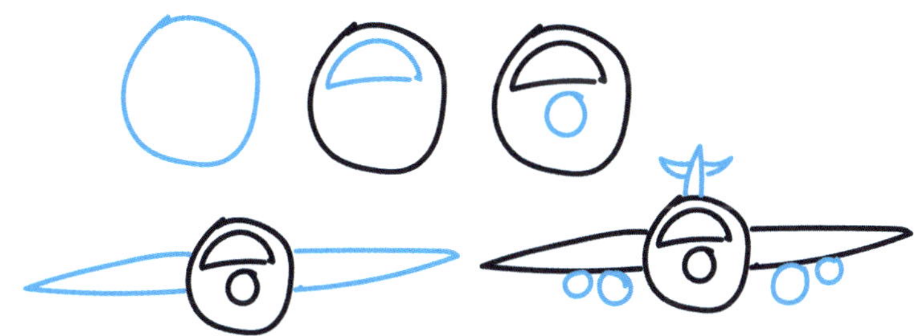

Der Heißluftballon ist ein Symbol für Leichtigkeit, aber auch für eine gewisse Unplanbarkeit, denn je nachdem, wie der Wind steht, geht die Reise vielleicht in eine andere Richtung. Ich mag ihn sehr gerne, weil er auf eine einfache Art Leben in eine Sketchnote bringen kann. Man kann auch Erleichterung damit darstellen, wenn du einfach noch ein paar kleine Sandsäcke zeichnest, die herunterfallen.

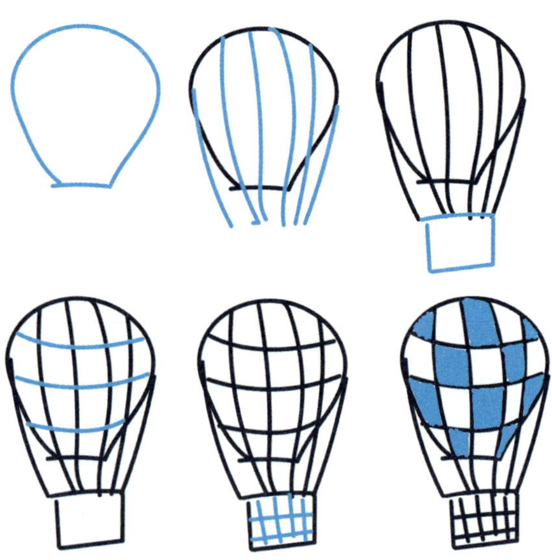

Reisen hat natürlich auch oft etwas mit Urlaub zu tun, daher hier noch ein paar Symbole, die diesen Aspekt verbildlichen. Oben schon mal das Kreuzfahrtschiff und auf der nächsten Seite ein klassisches kleines Segelboot.

Die beiden können auch sinnbildlich für Unternehmen und Solopreneur stehen, die beide auf gleiche Art dem Meer ausgeliefert sind, aber unterschiedliche Vor- und Nachteile haben.

Die Flaschenpost nutze ich zum Beispiel für Kommunikation, bei der man nicht weiß, ob sie wirklich beim Adressaten ankommt. Gerne auch für Kommunikationswege, die nicht sicher irgendwo bei einem Empfänger landen.

Inseln sind wunderbar auf viele Bereiche übertragbar. Zeichne noch ein paar Bücher oder einen PC auf den Sand und schon hast du ein gutes Bild für Wisseninseln. Sie können auch schlicht das Symbol für Urlaub, Erholung, aber auch Einsamkeit sein.

Dann noch zwei kleine Symbole, die auch wieder für viele abstraktere Bereiche stehen können.

Die Krabbe für die Sachen, die man noch machen muss und die im übertragenen Sinn ein wenig zwicken.

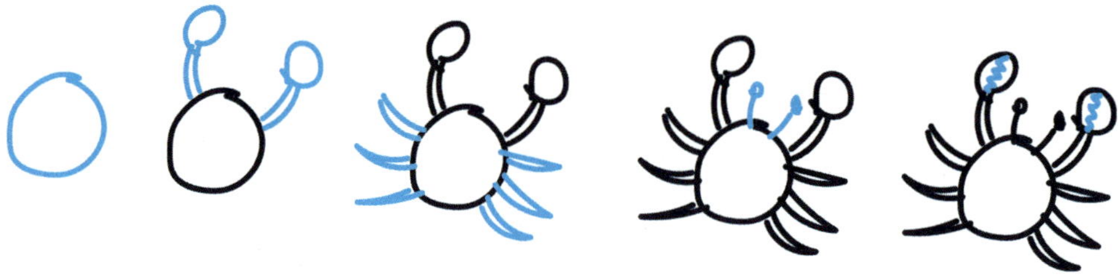

Die Cocktails (beide alkoholfrei versteht sich, das hier ist ja eine jugendfreie Anleitung) für Feierabend, Feiern, Party, natürlich auch für Urlaub und Es-sich-gut-gehen-lassen.

Zu guter Letzt noch mein Symbol für Reisen: der Koffer. Wie bei vielen Symbolen ist es ein wenig anachronistisch. So einen »guten alten Koffer« nutzt heute wahrscheinlich niemand mehr für seine Reisen, aber als Bild eignet er sich super.

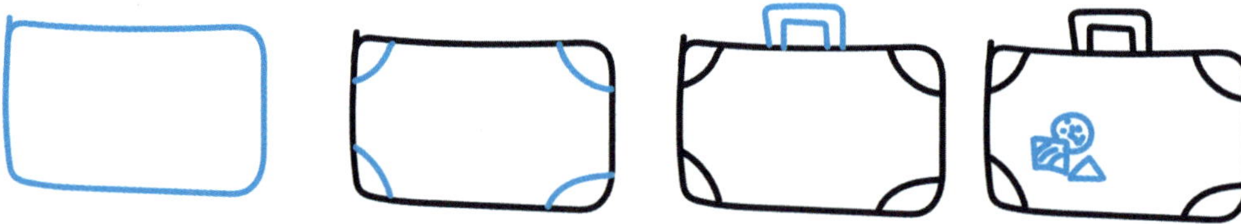

Bilderwelt Alltagsdinge und Haushalt

Die Liste der alltäglichen Gegenstände, vor allem aus dem Haushaltsbereich, die man gut benutzen kann, um sie stellvertretend für etwas anderes zu nehmen, ist unendlich lang. Ich habe hier einfach mal ein paar ausgewählt, die ich hilfreich finde und oft benutze.

Das Wichtigste zu Beginn: Kaffee. Ich liebe guten Kaffee und gehe gerne auch zum Zeichnen mal in ein schönes Café. Während ich es früher wirklich noch langweilig fand, allein Kaffee trinken zu gehen, ist es inzwischen eine beliebte Alternative dazu, allein im Büro zu sitzen. Ein schönes Café ist sehr inspirierend und die italienische Cafetière ist für mich ein gern genommenes Symbol für Aktivierung.

Marmeladengläser kannst du gut nutzen, um sowas wie „Jetzt geht es ans Eingemachte" zu visualisieren. Es funktioniert auch für „etwas für später aufheben". Neulich habe ich es genutzt, um die neue Generation der jungen Menschen zu versinnbildlichen, die gerne wieder einen eigenen Garten bestellen und eben auch Marmelade einkochen.

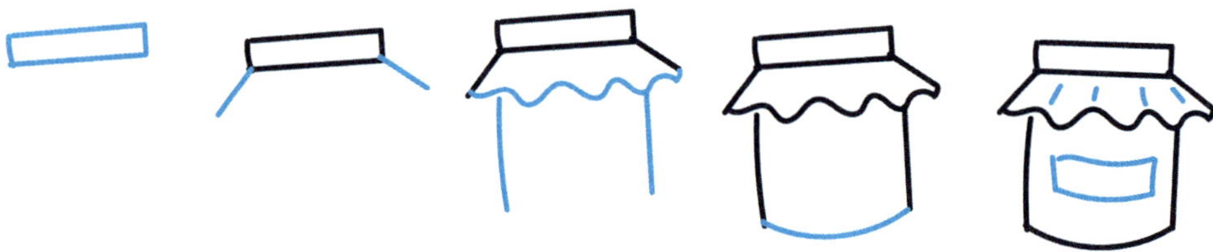

Die Teekanne kann gut für Entspannung und Pause genutzt werden. Fang immer mit der Grundform für den Korpus an. Durch Variation kannst du einfach auch unterschiedliche Typen erstellen. Mal oval, mal rund, mal flach.

Regenschirme sind super. Sie können für Schutz jeder Art stehen. Auch Schirmherrschaft ist so leicht zu zeichnen.

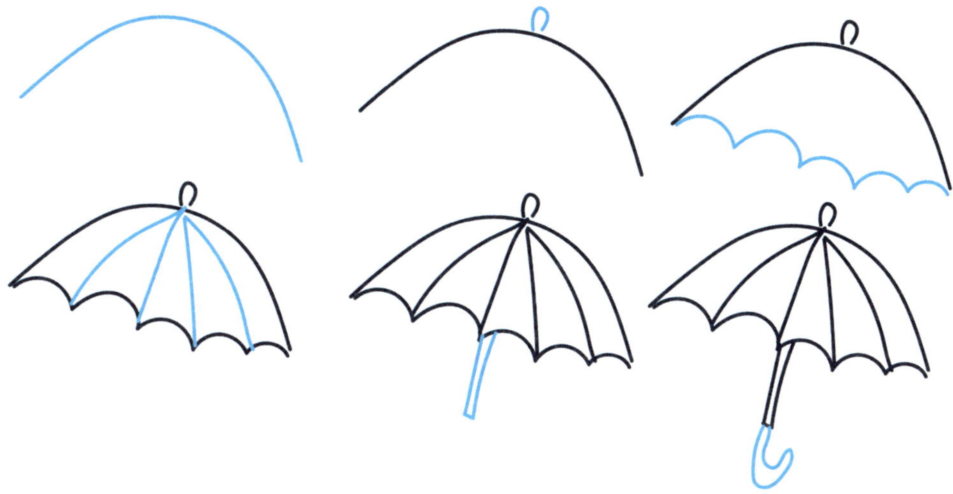

Blumentöpfe können für Kultivierung, aber auch für Verschönerung oder Atmosphäre stehen.

Pfeffermühle und Salzstreuer dienen sehr gut als Würze der/s (was auch immer gewürzt wird – Lebens, Liebe, Projektidee). Zeichnest Du eine Pfeffermühle zum Beispiel über einen Computer, kann das für gepfefferte Webseiten stehen, was viele meiner früheren Kunden gerne wollten.

Die Käseglocke in Kombination mit allem, was du reinpackst, ist sehr hilfreich. Ich habe sie zum Beispiel genutztn um eine kleine Reihe Häuser zu überdachen, und so Denkmalschutz dargestellt. Wenn man einen Fisch reinzeichnet oder ein anderes Tier, kann es auch für Artenschutz stehen.

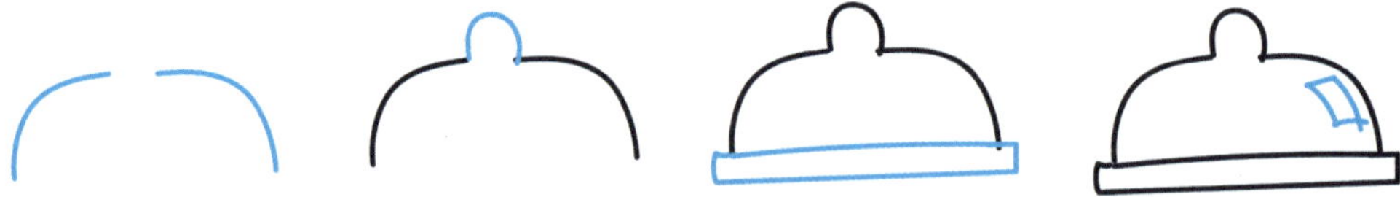

Entspannung pur ist für mich eine Badewanne und genau dafür nutze ich sie als Symbol.

Schneebesen kannst du super mit anderen Dingen kombinieren. So entsteht ein Materialmix, eine gemixte Methode, Werkzeugmischung und so weiter.

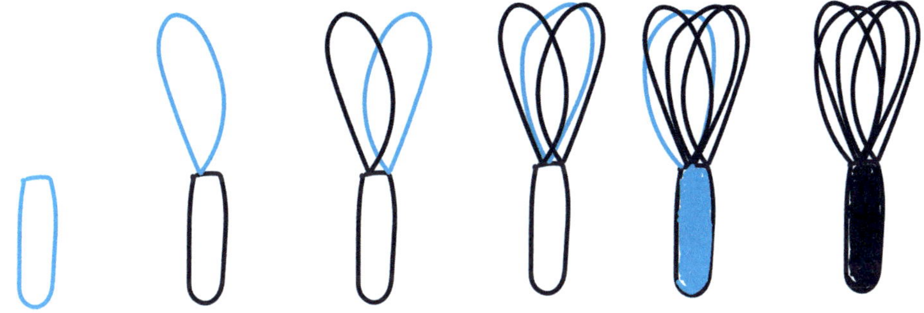

Wäscheklammern und Sicherheitsnadeln kannst du verwenden, wenn es darum geht, zwei oder mehr Sachen miteinander zu verbinden.

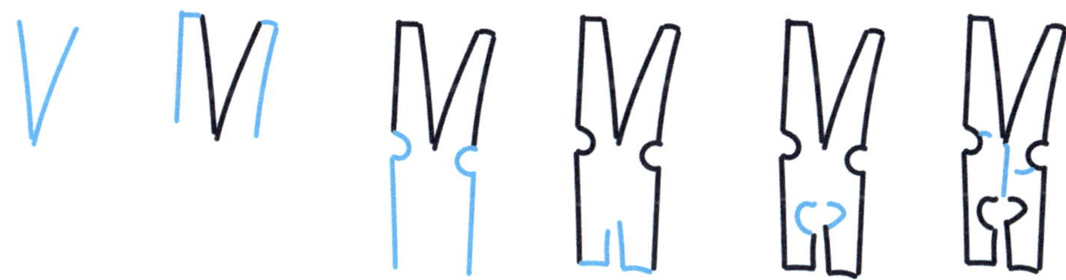

Sicherheitsnadeln sind auch gut für eine doppelte Sicherung oder Improvisation.

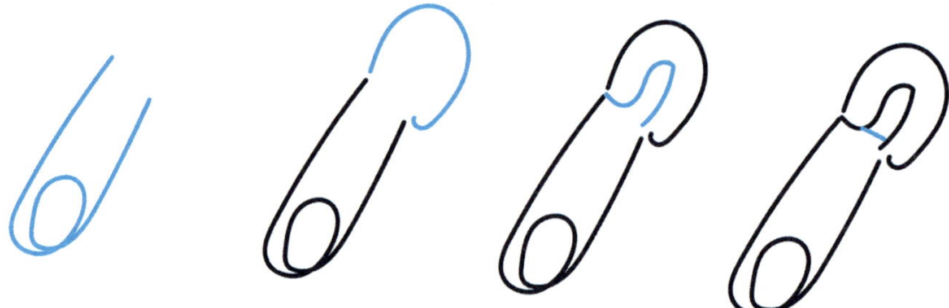

Trichter nutze ich immer für Komprimierung. Oben kommen ganz viele Dinge hinein und unten kommt die Quintessenz heraus. Oder etwas wird auf den Punkt gebracht.

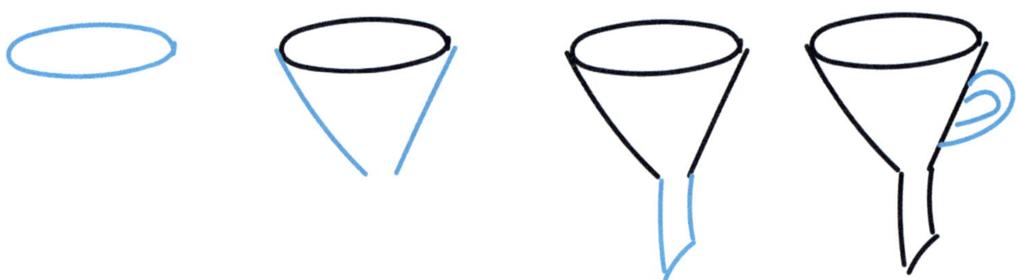

Ähnlich ist der Topf hilfreich, wenn es darum geht, dass mehrere Menschen, Methoden, Ideen zusammengeworfen werden, um zum Beispiel ein neues Team oder eine gemeinsame Idee zu entwickeln.

Jetzt noch einige Symbole, die ab und an gut funktionieren, auch wenn du das vielleicht nicht glaubst. Die Sprühflasche verwende ich zum Beispiel für Neugestaltung, aber auch für schnelle Lösungen.

Der Pfannenwender ist gut geeignet, darauf hinzuweisen, dass es mehr als eine Sichtweise gibt und ein Perspektivenwechsel Sinn machen könnte. Das passt sehr gut, wenn du ansonsten auch schon Bilder aus diesem Bereich verwendet hast.

Der Kleiderbügel ist bei mir ein Zeichen für Ordnung.

Nadel, Knopf und Faden sind Bilder für Reparieren, Aufpeppen mit einfachen Mitteln, aber auch einfach Ausbessern. Ich bin mir sicher, dir fallen noch mehr Verwendungsmöglichkeiten für diese Dinge ein.

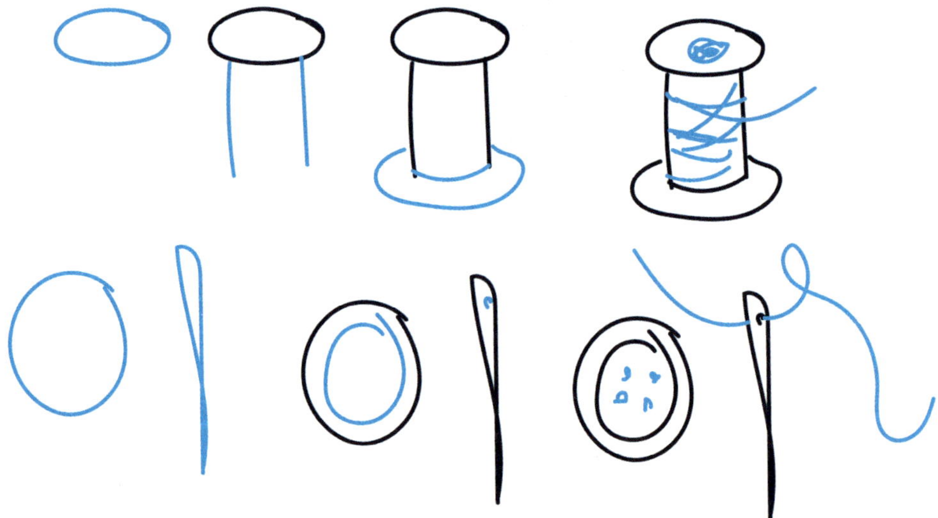

Das Nudelholz kann manchmal auch stellvertretend für einen Holzhammer sein und als Metapher für grobes Verhalten stehen oder dafür, dass man etwas durchboxen will.

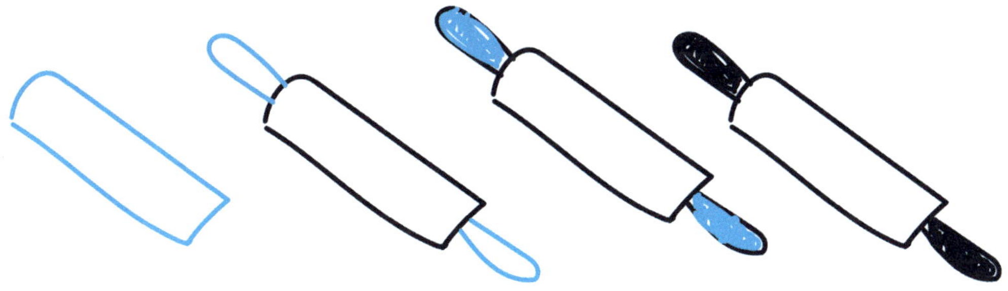

Und da man ja immer alles besenrein hinterlassen soll, gibt es hier noch die Strich-für-Strich-Anleitung für Handfeger und Kehrblech. Geht beides schnell.

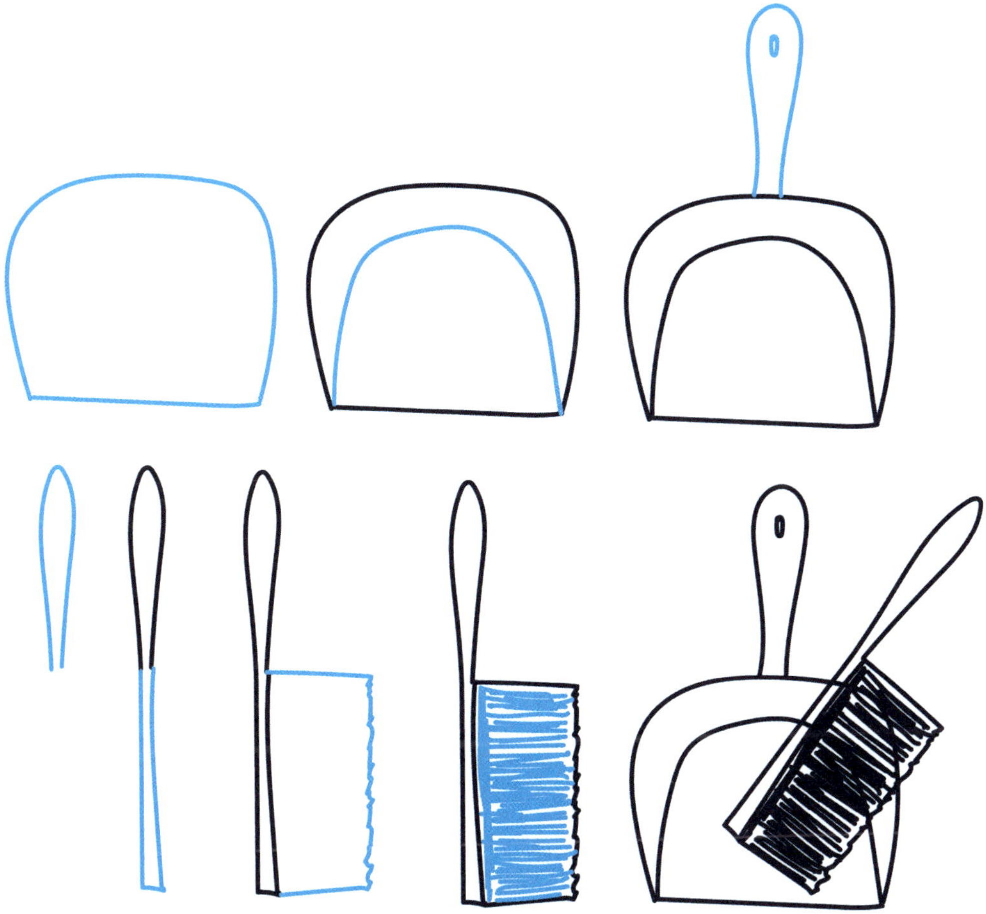

Bilderwelt Outer Space

Würdest du mich nach meinen persönlichen Vorlieben fragen, bin ich in zwei Welten unterwegs. Zum einen mag ich alles, was mit Weltall und Ufos, Astronauten und Planeten zu tun hat. Das hängt nicht nur mit meiner Vorliebe für die Ästhetik von Star Wars und die Inhalte von Star Trek zusammen, sondern auch mit der Vorstellung der unfassbaren Weite. Es zieht mich aber nicht ins Weltall, ich zeichne nur irre gerne Raketen, Astronauten, Ufos und Planeten mit Ringen; Roboter und lustige Aliens ergänzen das Spektrum. Ich mag die Serie Futurama und da besonders auch die verschiedenen Alien-Arten.

Die Rakete ist ein gern genommenes Symbol für Startups, das Spiegelei-Ufo ist für mich das Zeichen für Zukunft und der Astronaut ist der Superheld des 21. Jahrhunderts, jedenfalls habe ich das gedacht, als ich Alexander Gerst auf der re:publica erlebt habe.

Beginnen wir aber mit etwas ganz Einfachem, mit dem viele Zeichenanfänger hadern: der Stern. Das liegt, meiner Meinung nach, daran, dass die meisten versuchen, ihn aus einer Linie zu zeichnen. Einfacher geht es, wenn du Zacken für Zacken zusammensetzt.

Ein etwas anderer Stern, der aber auch sehr gut für Spezialeffekte genutzt werden kann, ist mithilfe von ein paar Bleistiftstrichen sehr einfach zu zeichnen. Du machst ein Kreuz aus längeren Strichen und darüber um 45° versetzt ein weiteres aus kürzeren Linien. Nun kommt über jedes Linienende ein Sternzacken. Quasi wie eine Windrose.

Im Folgenden zeige ich dir ohne große Kommentare meine liebsten Ufos, Raketen und Spaceshuttles, einen Astronauten und einen Roboter. Letzterer muss bei mir immer herhalten, wenn es um Mensch-vs.-Maschine-Vergleiche geht.

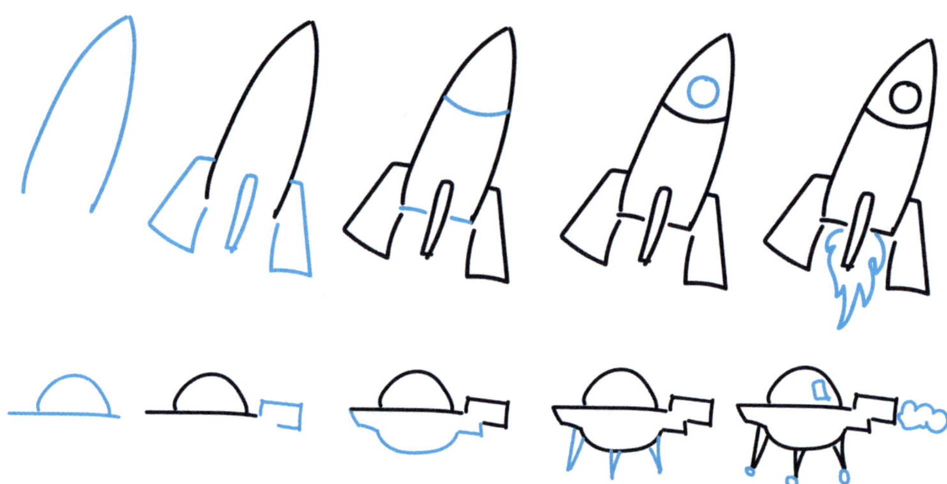

Das Untere erinnert mich an die kleinen Raumschiffe der Jetsons. (Nette Zeichentrickserie aus den 60ern)

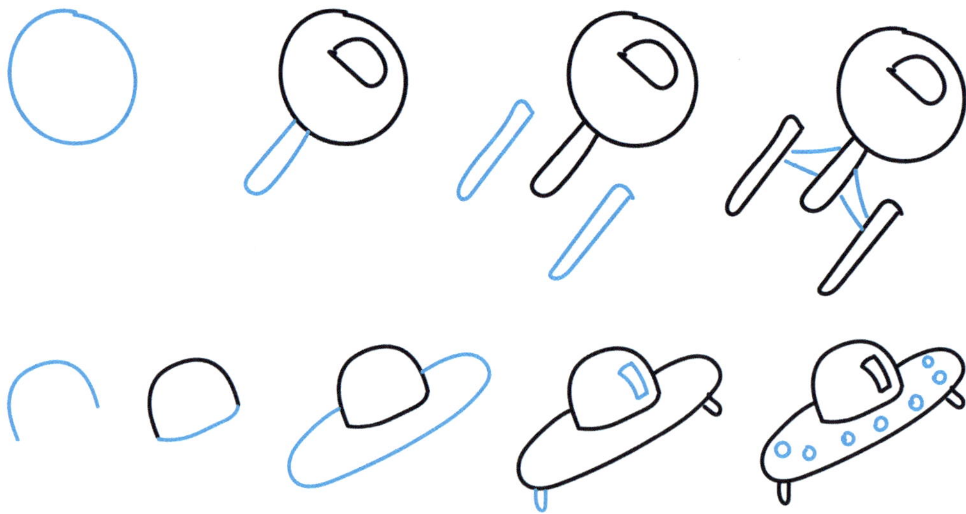

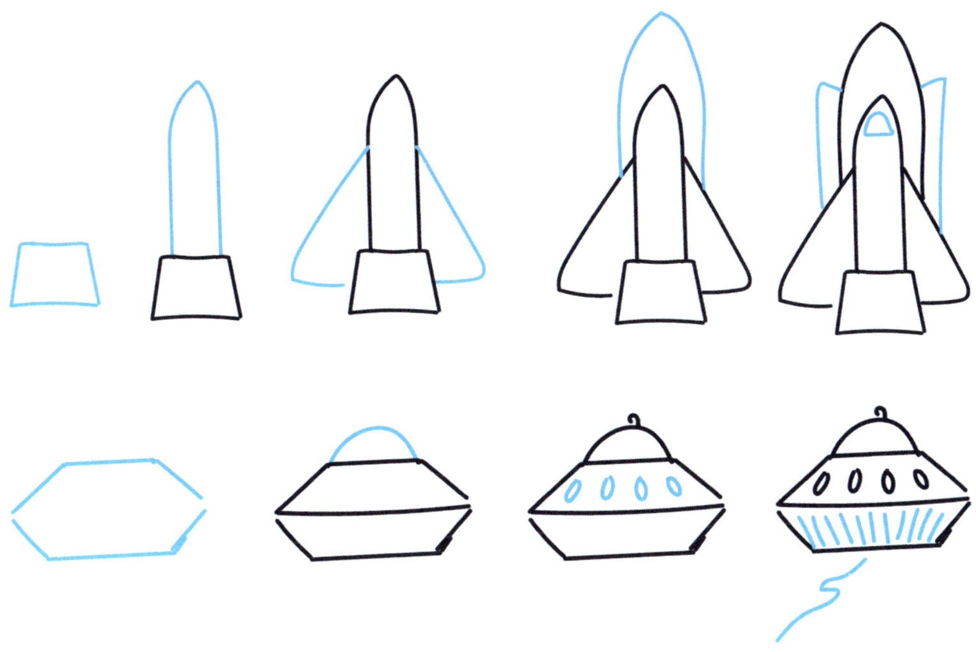

Planeten und Galaxien sind eine Welt, die der Fantasie alle Türen öffnet.

Die kleinen Asteroiden sehen immer ein wenig wie Katzenstreu aus. :)

Satelliten sind super geeignet für Kommunikation, die jeden erreicht.

Etwas komplexer sind die beiden letzten Bilder.

Beim Astronauten fange ich immer beim Helm an und arbeite mich dann über die Schultern zu den Beinen und den Stiefeln vor. Das entspricht natürlich in keinster Weise der komplexen Konstruktion, die ein solcher Raumanzug eigentlich ist, aber Sketchnotes brauchen keine Details und der Astronaut funktioniert immer sehr gut.

Erst recht in Kombination mit einer Rakete.

Last, but not least: der Roboter. Abgesehen davon, dass ich gerne einen farbsensiblen Roboter hätte, der nach einem Zeichnenjob meine Stifte wieder in die vorgesehenen Aufbewahrungen räumt, und zwar nach Farbgruppen sortiert, finde ich die Vorstellung von den metallenen Genossen allgemein und schon seit Daniel Düsentriebs Roboterkreationen meiner Kindheit sehr spannend.

Die Gelenke sind einfache Kreise und ansonsten ist alles einfach aus Rechtecken und Quadraten aufgebaut.

Bilderwelt Meer – Seefahrt – Piraten

Meine andere persönliche Vorliebe ist seit frühester Kindheit das Meer, vor allem die Tiefsee und auch gerne mal Piraten – ja immer noch und nicht erst seit Fluch der Karibik.

Kurz hatte ich sogar überlegt, nach dem Abi Ozeanographie zu studieren. Leider war ich an den meisten Bereichen der Naturwissenschaften eher weniger interessiert, was auch an Curriculum und Lehrpersonal lag. Die Faszination ist aber ungebrochen und während ich meinen Vater früher immer wieder dazu gebracht habe, mit mir ins Aquarium des Duisburger oder Kölner Zoos zu fahren, sind es heute vor allem Anglerfische, Kraken, Rochen und Seeungeheuer, die ich spannend finde. Ich habe eine Liste der verschiedenen Seeungeheuer, sortiert nach Literatur, Urwesen, Legenden, Mythologie, Religion und Film, die stetig wächst. Irgendwann mache ich daraus mal ein riesiges Poster.

Daher und weil du ja meiner Auswahl ausgeliefert bist :), gibt es auch Strich-für-Strich-Anleitungen aus dieser zweiten Lieblings-Motivwelt. Und unter uns: Man weiß nie, wann man mal eine Piratenflagge braucht, und Schatzkisten und Schatzkarten kann man gar nicht genug haben.

Fangen wir mit einfachen Tieren an, wie der Qualle. In ihrem Element extrem faszinierend, außerhalb, nun ja, verliert sie jede Form und wird zu einem unförmigen Etwas.

Leuchttürme sind wunderbar. Sie helfen der Orientierung und sind weithin sichtbar. Einfach zu zeichnen. Ich haue oben einfach eine Glühbirne drauf und fertig. Wenn du architektonisch ein wenig genauer sein willst, nimmst du einfach die zweite Variante.

Dazu passt ein großes Schiff, hier mal platzsparend von vorne. Wenn du wissen willst, wie du schnell einen Anker hinbekommst, wirst du gleich auf der nächsten Seite die Anleitung finden.

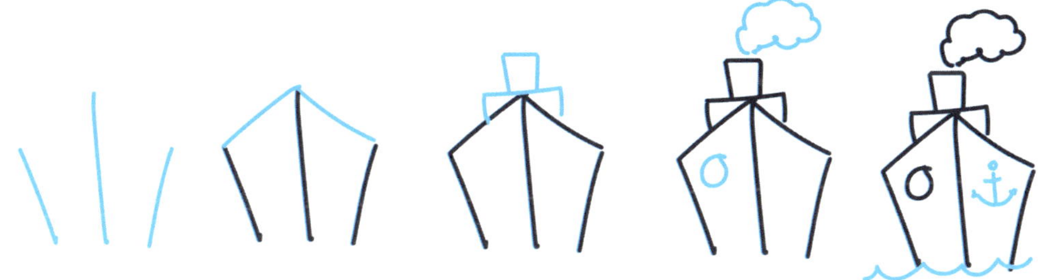

Anker, Kompass und Steuerrad sind wieder Beispiele für reale Objekte, die gefühlte Hunderte Nutzungsmöglichkeiten haben, weil man zum Beispiel den Anker mit allen möglichen Dingen kombinieren kann. Ich benutze gerne die Metapher, dass diese Bilder, wie du sie gerade zeichnen lernst, visuelle Anker sind, die der Erinnerung helfen. Man kann Dinge in Verträgen verankern oder einfach etwas mit einem Anker illustrieren, das gesetzt ist und einfach feststeht.

Beim Steuerrad fängst du mit einer doppelt gezeichneten Linie an und setzt zwei unterschiedlich große, ebenfalls doppelt gezeichnete Kreise drüber. Anschließend kommen an die Linienenden solche Nupsis, die ein wenig an Wattestäbchen erinnern, und ich mach immer noch ein paar Knubbel in die Mitte, weil ich das mal in einem alten Film gesehen habe. Das ist aber nicht unbedingt nötig.

Einen Kompass zeichne ich, wann immer es um Orientierung, Losgehen oder Richtung geht. Wichtig ist, dass du erst die Himmelsrichtungen in den Doppelkreis schreibst.

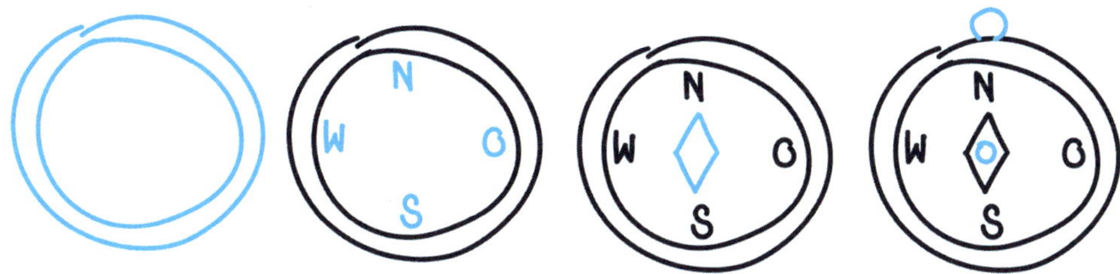

Für die Himmelsrichtungen sage ich mir manchmal immer noch die alte Eselsbrücke auf: Nie Ohne Seife Waschen :) Dann erst den Richtungspfeil in die Mitte setzen. Manchmal passt es nämlich sonst nicht mehr mit der Schrift.

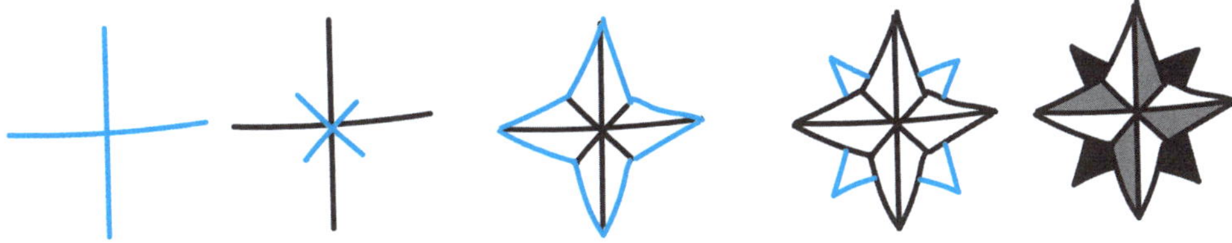

Die Windrose ist dem zweiten Stern aus der Weltall-Bildwelt sehr ähnlich. Mit ein wenig Farbe hast du schnell ein optisch ansprechendes Symbol für Richtung geschaffen.

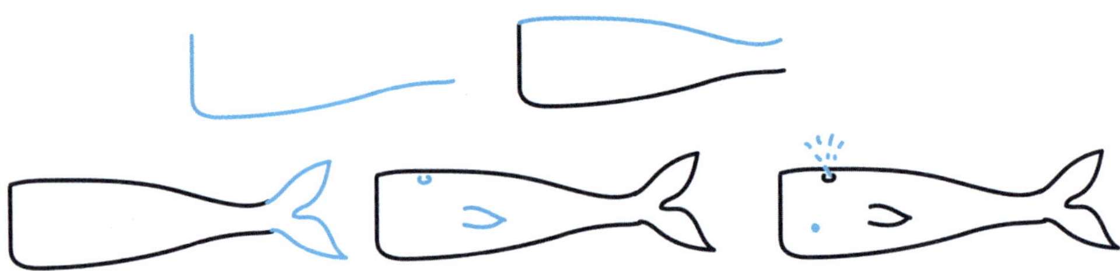

Nun noch ein paar Meeresbewohner. Beim Thema Größe kommt nichts an einen Wal heran und seit ich mal im Naturhistorischen Museum unter einem Blauwalskelett gestanden habe, ist die Größe in etwa vorstellbar. Wale zeichne ich manchmal, wenn es um Größenverhältnisse geht. Der Global Player (Wal) neben dem kleinen KMU (Goldfisch).

Manchmal reichen auch die Flossen, um etwas auszudrücken. Ich glaube, es gibt niemanden, der bei einer Haifischflosse nicht an drohende Gefahr denkt. Die Walfischflosse kann dagegen dafür stehen, dass der Teil, den man nicht sieht, noch viel größer ist.

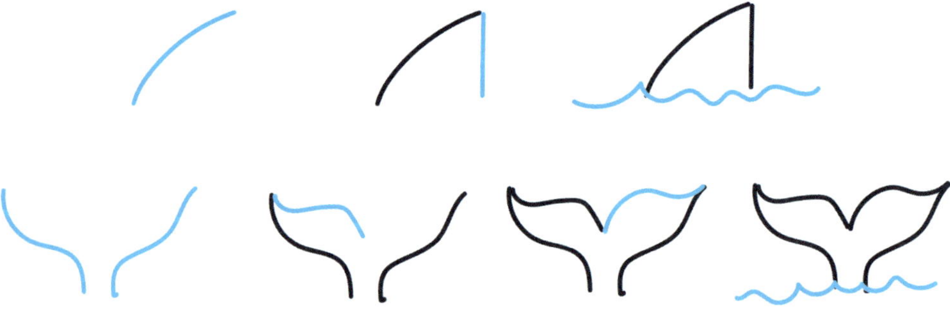

Kraken sind super. Die ganz vielen Arme und Tentakeln – ahhhhh – wie Unterwasser-Aliens. Kraken nehme ich gerne, wenn es um Dinge geht, die sehr vielseitig sind. Ich packe dann dem Kraken oder auch Oktopus alles Mögliche in die Tentakeln. Das Multitasking-Tier. Aber auch ein wenig tricky zu zeichnen. Ich fange immer beim Kopf an und zeichne dann mit Bleistift ein paar Linien, die vom Kopf abgehen und ungefähr einen Dreiviertelkreis um den Kopf bilden. Um die Linien schwurbel ich dann krakelige Arme. Anschließend den Bleistift wegradieren und fertig ist der Tintenfisch.

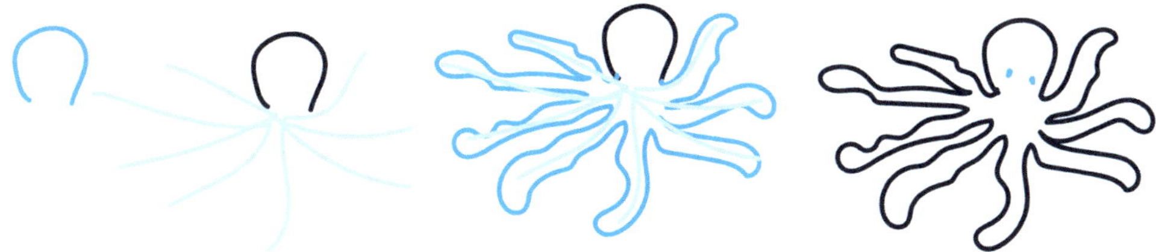

So, und dann habe ich noch ein U-Boot für dich und summe gerade fleißig den mir selbst verpassten Ohrwurm der Beatles. U-Boote sind etwas ungewöhnlicher. Ich habe sie mal bei einem Graphic Recording genutzt, als außergewöhnliche Mobilitätsangebote thematisiert wurden. Das hat für viele Lacher gesorgt und auch für nachhaltiges Beschäftigen mit dem Thema.

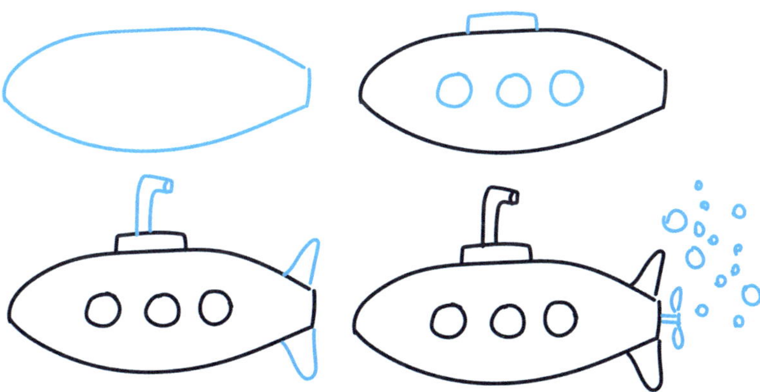

Die Piratenwelt ist wunderbar geeignet, auf etwas spielerische Weise und mit einem Hauch von Abenteuer Metaphern zu zeichnen, die sich für viele Bereiche eignen. Das schreibe ich jetzt gefühlt zum hundersten Mal, aber es ist in der Tat so, dass viele tatsächliche Gegenstände wunderbare visuelle Vokabeln für alles Mögliche sind.

Arrr, du Landratte, jetzt gibt es ein paar Beispiele. Die Schatzkarte braucht nicht nur Dagobert Duck andauernd, sondern auch ich. Gerne nutze ich sie für Agenden, aber auch für Abläufe. Einzelne Punkte können für Meilensteine stehen und das X ist das große Ziel.

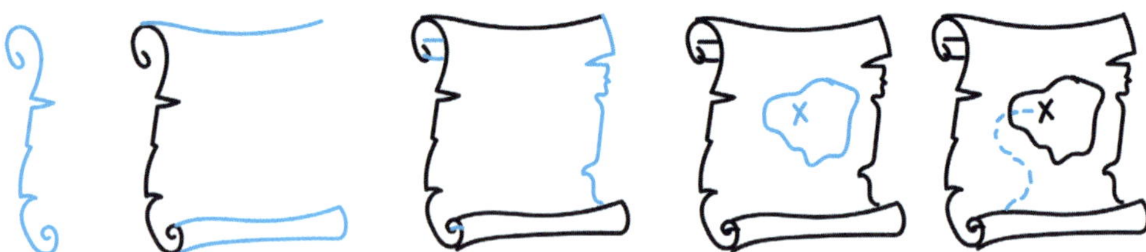

Eine Bombe kann man nicht nur im Piratenumfeld gebrauchen. Ein sehr einfach zu zeichnendes Symbol für Gefahr.

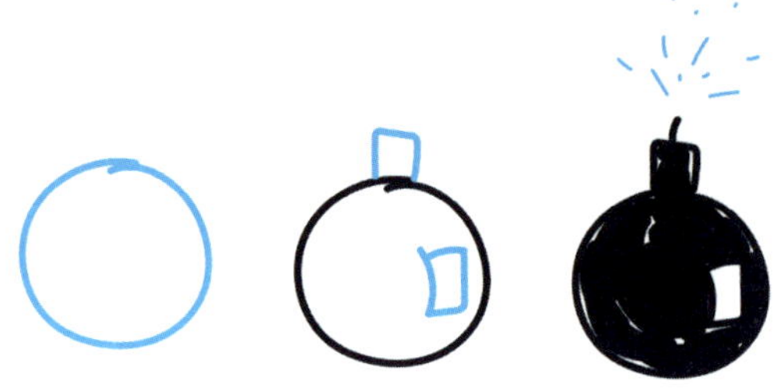

Piratenschiffe tauchen in Filmen und Büchern gerne aus dem Nichts auf, raubschatzen und verkrümeln sich wieder. An Bord alle kostbaren Besitztümer plus schöner Gefangener. In der heutigen Zeit gäbe es eigentlich andere Bilder für räuberische Verbrecher, aber das ist ja ein Buch zur Unterhaltung und kein politisches Statement, also bleibe ich gerne beim Piratenschiff, wenn es um unvorhersehbare Risiken geht.

An Bord oder unter dem X auf der Schatzkarte findest du im besten Fall eine Truhe, randvoll mit allen Kostbarkeiten. Was das im Einzelnen ist, hängt vom Kontext ab. Beim Start in das nächste Kapitel ist die Schatzkiste beispielsweise gefüllt mit Buchstaben und Schriftarten. Jedem der Schatz, den er will. Arrrh.

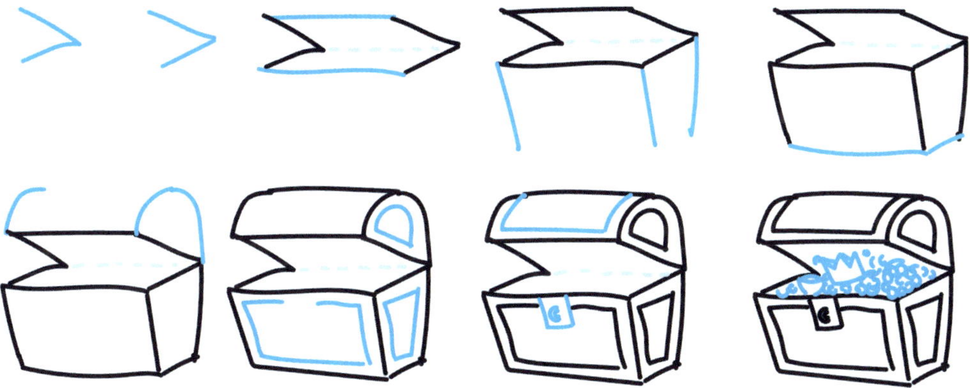

Seit meiner Kindheit ist die Piratenflaggefür mich natürlich ein Totenkopf mit gekreuzten Knochen auf schwarzem Grund. Und Piraten sind einfach cool. Aus diesem Grund gibt es im Moment immer lauter werdende Forderungen, das gängige Zeichen für Gift, das sich ebenfalls des Totenkopfs und seiner Begleitknochen bedient, zu ändern. Vermehrt trinken kleine Schatzsucher vermeintliche Piratentränke und landen mit Bauchweh auf der Entgiftungsstation. Falls du jetzt in Versuchung bist, das Buch abzuschlecken, keine Sorge, kein Gift.

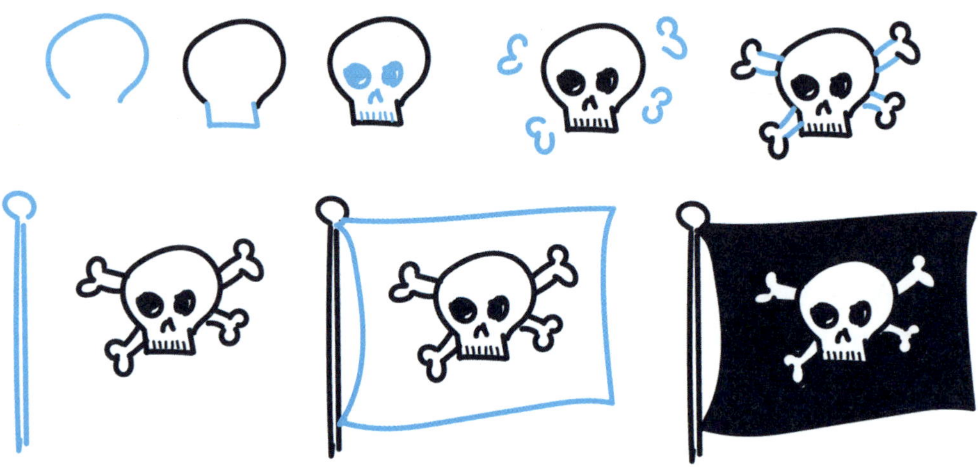

Der Totenkopf allein kann also auch für Gefahr stehen. Wenn man beim Thema Emotionen ist, kommt der Totenkopf gerne auch vor, wenn es um Wut geht. Erinnerst du dich an Asterix? Wenn es da zu Konfrontationen kam, erschienen in der Gedanken- oder Sprechblase immer kleine Staubwolken und Fäuste, wilde Spiralen und eben Totenköpfe. Fang mit der Schädelform an und ergänze eine rechteckige Form. Als Nächstes die Augenhöhlen und Nasenlöcher. Für die Knochen zeichne vier halbe Herzen, die unten nicht geschlossen sind, und versuche, die Linien so zu ergänzen, dass sie hinter dem Schädel eine Linie bilden würden. Fertig.

Bilderwelt Architektur

Architektur ist hilfreich, wenn du den Unterschied zwischen Stadt und Dorf oder KMU und Global Player zeigen willst. Anhand von Sehenswürdigkeiten kannst du Städte oder Länder visualisieren.

Wenn ich ein Unternehmen darstellen will, ist es immer eine bestimmte Gebäudeform. Architektur schafft ein gewisses Flair und hilft gut, Identifikationspunkte zu setzen. Auf der einen Seite eine Industrieanlage auf der anderen das Garagen-Start-up.

Hauptsächlich brauche ich die Gebäudetypen: Industrie, Großunternehmen, Normales Haus, Geschäft/Shop und Repräsentationsgebäude (z.B. eine Bank, ein Museum oder Ähnliches). Damit kommt man ziemlich weit.

Normale Häuser sind bei mir immer kleine Einfamiliendomizile mit Garage. Dabei haben die meisten Häuser inzwischen einen Carport, aber Garagen sind einfacher zu zeichnen. Ein Baum würde das Idyll ergänzen und erinnert stark an meine Kinderbilder, wo es immer noch einen Gartenzaun und mindestens eine große Sonnenblume gab.

Bei dem Laden ist die Markise das Wichtigste, die kleine Fahne und der Angebotsaufkleber auf der Scheibe sind genauso Firlefanz wie das kleine OPEN-Schild an der Tür. Hast du wenig Zeit, lass das einfach weg.

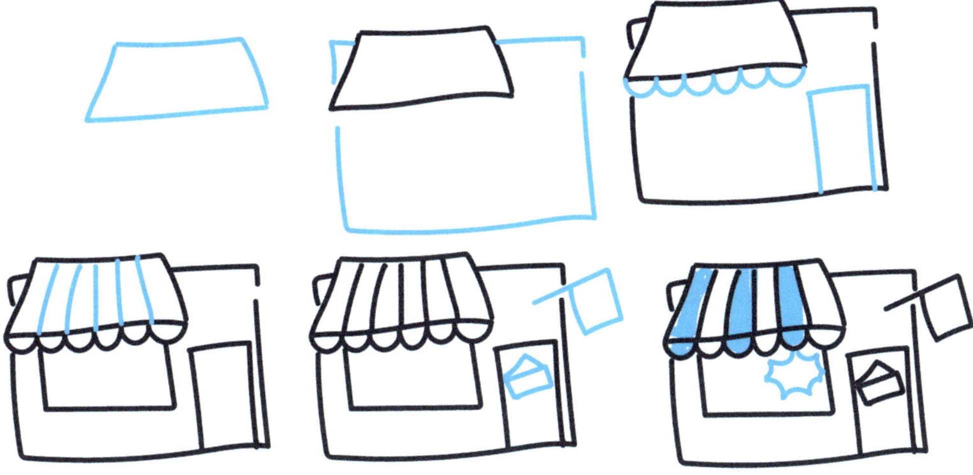

Die Parkbank auf der nächsten Seite und die Laterne mit Straßenschild passen gut in die Kategorie „Kleinigkeiten, die Atmosphäre schaffen“.

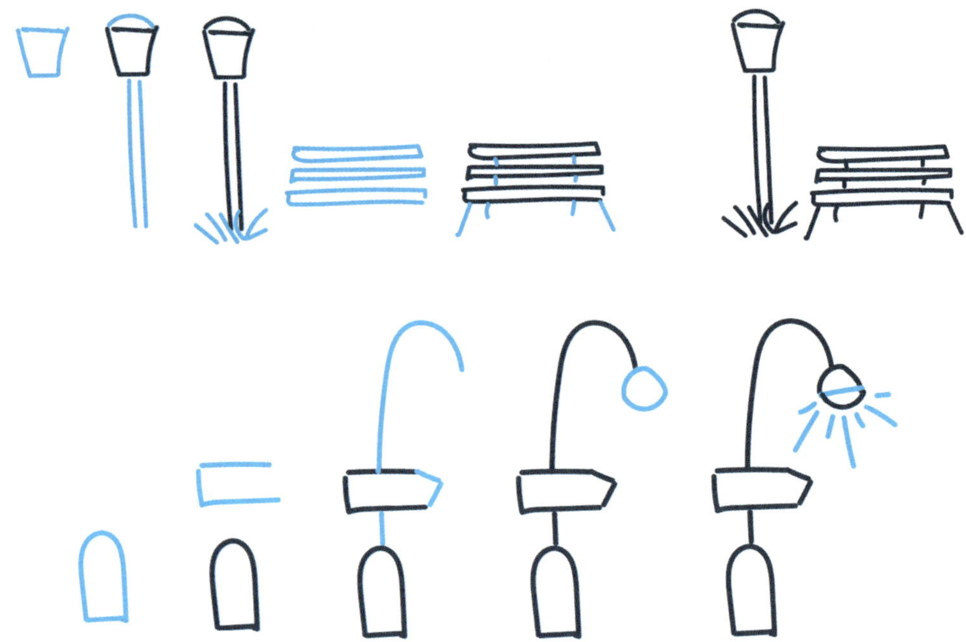

Manchmal ist ein Burgturm sehr hilfreich. Bei einem Graphic Recording ging es mal darum, dass die einzelnen Abteilungen eines Unternehmens sich gegeneinander abschotten und es zu keinem Wissenstransfer kommen kann. Also habe ich lauter kleine Männchen auf die Burgtürme gepackt, die jeweils die gleiche Farbe hatten (je Abteilung eine) und sich so voneinander unterschieden haben.

Mauerwerk geht ganz einfach, wenn du die senkrechten Linien jeder zweiten Reihe genau übereinander setzt.

Oft ist es hilfreich, ein kleines Symbol zu haben, das repräsentativ für ein Land oder eine Stadt steht. Für Sehenswürdigkeiten musst du lernen, so viel wie möglich zu reduzieren.

Hier habe ich mal ein paar Beispiele zusammengestellt. Schau doch mal, ob dir das auch für deine Lieblingsstadt gelingt.

Als Kind war ich manchmal nicht sicher, ob ich wirklich in meine Familie gehöre. Camping-Urlaub, für meine Eltern ein Hochgenuss, fand ich nicht wirklich toll und ich war auch der einzige Mensch in meinem Genpool, der bei frischem Pflaumenkuchen Reißaus nimmt und bei Spinat laut: HIER! schreit. Weder das Campen noch der Pflaumenkuchen haben in meinem inzwischen ja fortgeschritteneren Alter Sympathiepunkte dazubekommen, aber einige Freunde und auch der Bruder meiner besseren Hälfte sind große Outdoor-Fans. Okay, bei Lagerfeuer-Romantik bin ich auch an Bord und ich finde Stockbrotgrillen und Gruselgeschichten im Dunkeln auch cool, aber dann möchte ich in mein Bett, in einem massiven Haus und vorher noch in die richtige Dusche. Der Ausstrahlung dieser Welt und der Symbolkraft kann ich mich aber nicht ganz entziehen und daher auch ein paar Bilder aus dieser Welt.

Feuer zu zeichnen ist nicht so einfach, aber mit dem Lagerfeuer kommst du da schon gut weiter. Feuer kann für Gefahr, aber auch im übertragenen Sinne dafür stehen, dass man für etwas brennt. Mit den Holzscheiten steht es für Abenteuer und ein gewisses archaisches Erlebnis.

Vulkane finde ich super, weil sie immer etwas Unheimliches an sich haben. Sie spucken Feuer und schon als Kind und erst recht während meines Archäologie-Studiums fand ich den Vesuv und Pompeji sehr faszinierend.

Harmloser, aber noch viel besser zu nutzen sind die Berge. Sie stehen für in der Ferne liegende Ziele, für Herausforderungen, Meilensteine und Anstrengung.

Eigentlich steht der Grill für Sommer, aber tatsächlich habe ich einige Jahre in Thüringen gelebt, wo man am 31.12. abgrillt und am 1. Januar die neue Grillsaison eröffnet.

Karabiner sind sehr gut für Sicherheit zu gebrauchen, für Verbindung und Halt.

Das Zelt und der Campingwagen eignen sich für alles rund um vorübergehende Wohnsituation oder Unterwegssein.

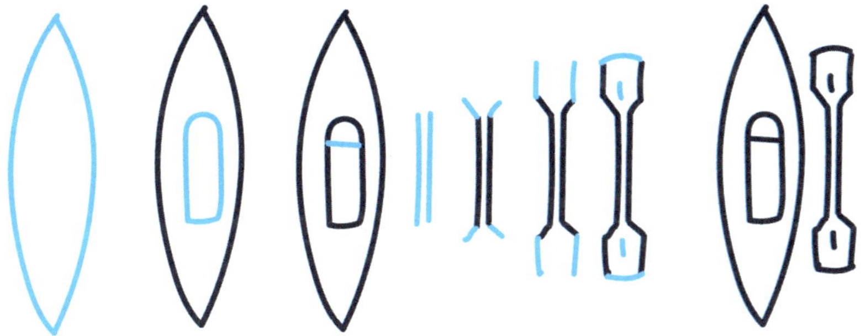

Das Kanu ist auch wieder gut für Abenteuer, aber auch Bewegung und Mobilität, wenn man sich in dieser Bilderwelt befindet.

Abschließend gibt es noch ein paar kleine Hilfssymbole für die richtige Outdoor-Stimmung.

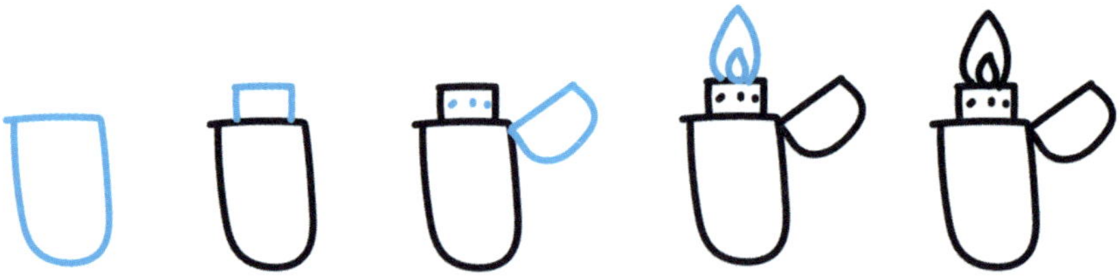

So, jetzt hast du schon so viel gelernt, dass du dir ein kleines Eis verdient hast. Wobei ich dabei immer an den Schuh des Manitu denken muss.

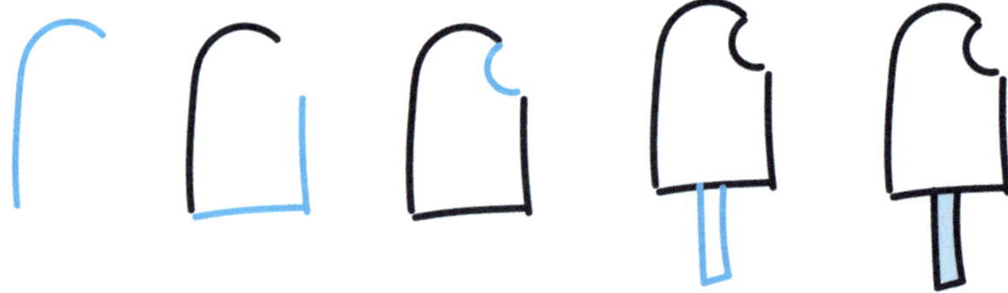

Und nur falls du ihn suchst: Den Kompass findest du Strich für Strich schon bei der Meeresbilderwelt.

Bilderwelt Umwelt

Eines der Themen, die am häufigsten irgendwo auftauchen, ist bei mir das große weite Feld des Umweltschutzes. Das liegt an vielen Aufträgen aus dem Bereich Stadtplanung und Regionalentwicklung, aber es kommt auch bei vielen Firmen rund um den Punkt Unternehmenskultur zur Sprache. Bäume und Mülltonnen sind aber immer gut.

Beginnen wir also mit ein wenig Natur. Bäume sind einfach, wenn du sie mit einem Stamm anfängst, in den du dann ein Y zeichnest. Ein wenig Laubgeschwurbels drumherum und schon ist er fertig.

Tannenbäume sind natürlich oft mit Weihnachten verknüpft. Dann zeichne ich aber immer noch einen Stern auf die Spitze und es gibt ein paar bunte Kugeln. Du kannst hier die gezackte Variante nehmen, oder du zeichnest, wenn es sehr schnell gehen muss, einfach ein schmales Dreieck und setzt hier den Stamm drunter.

So ein kleiner Sprößling ist immer gut für Wachstum. Kombinierst du ihn zum Beispiel mit dem großen Baum, stehen die zwei bei mir oft als Symbol für Nachhaltigkeit. Manchmal nutze ich die beiden zusammen auch als Zeichen für

Zukunftsperspektive – jetzt noch ein zartes Pflänzchen, aber bald schon ein stattlicher Baum. Ob du die Blattadern reinzeichnest oder lieber nach dem zweiten Schritt stoppst, hängt von Geschmack und Zeit ab.

Nicht nur, weil Imkern total in ist und auf einmal überall, auch in Großstädten, Bienenstöcke stehen, zeige ich dir, wie du Waben und eine Biene ganz einfach hinbekommst. Bienen stehen bei mir für gesunde Natur, können aber auch für Fruchtbarkeit stehen. Immerhin bestäuben sie ja so einiges.

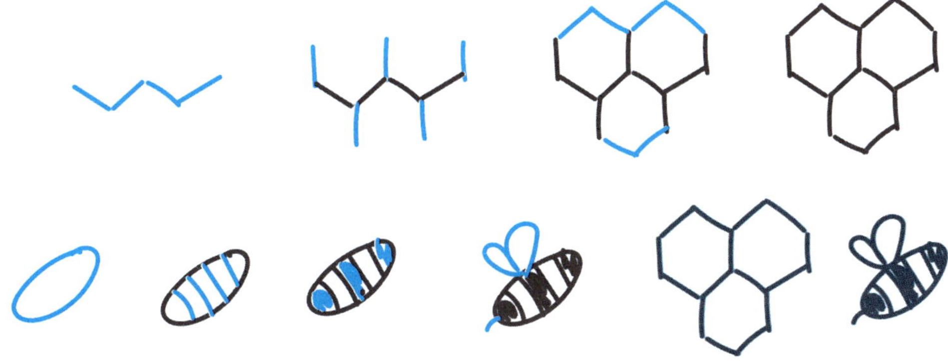

Das Auto hast du ja schon ganz zu Beginn gelernt. Jetzt ergänzen wir es nur um den Elektroanschluss. Schon ist das perfekte Icon für Elektromobilität oder umweltfreundliches Fahren gezeichnet.

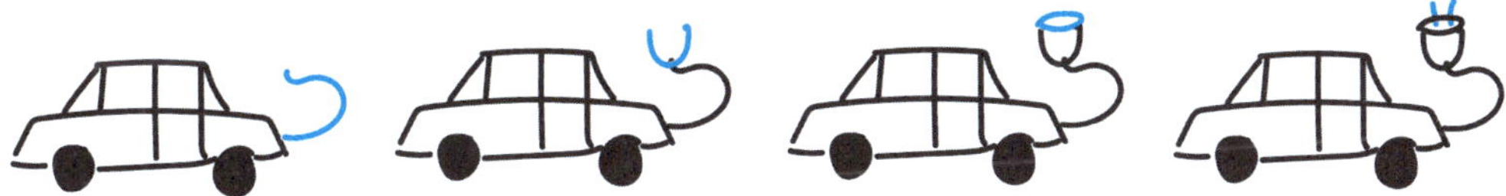

Wenn wir uns der Energie zuwenden, gibt es natürlich die Welt der erneuerbaren Energien und die klassische Atomenergie. Ich zeichne meistens Windräder oder Solarenergie. Wasserkraftwerke sind in meiner Umgebung nicht wirklich verbreitet und sie sind auch komplexer zu zeichnen.

Nicht vergessen, es strahlt besser, wenn die Strahlenlinien abwechselnd kurz und lang gezeichnet sind.

Daneben steht natürlich das Atomkraftwerk mit seinem charakteristischen Turm und der großen Rauchwolke.

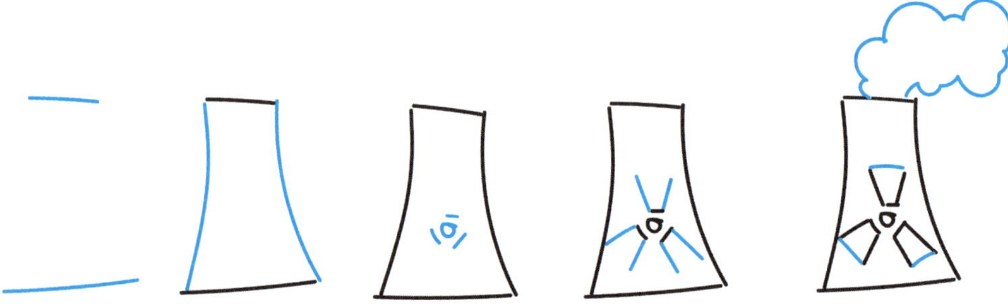

Im Zeitalter, in dem Anachronismen in der Welt der Visualisierungen häufiger vorkommen, als man denkt, kannst du nach wie vor eine klassische Glühbirne als Symbol für Idee, Innovation und Ähnliches nutzen. Manchmal braucht man aber unbedingt eine Energiesparlampe.

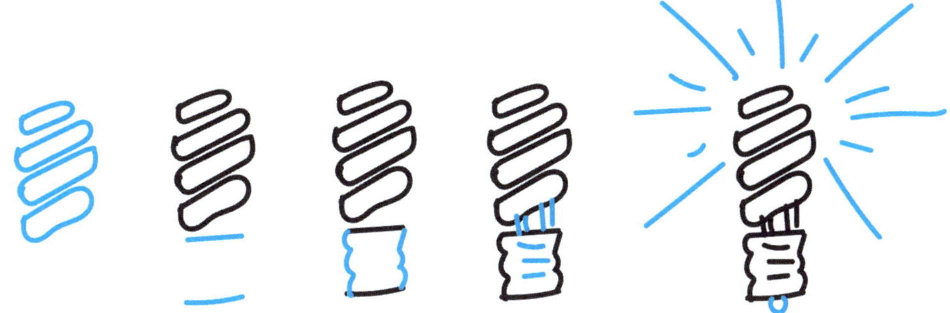

Mülltonnen haben nicht unbedingt eine alleinige Daseinsberechtigung im Bereich Umweltschutz, aber hier habe ich sie mal auf meiner Bilderwelt verortet. Mülltonnen sind vielseitig einsetzbar und stehen auf einer Metaebene bei mir gerne auch mal für sinnlose Unterfangen, die am Ende eben in die Tonne getreten werden müssen.

Ein Zeichen, mit dem ich mich anfangs immer schwer getan habe, ist das Recycling-Symbol. Versucht man, es auf einfache, nachvollziehbare Striche herunterzubrechen, geht es besser und mithilfe eines Bleistifts klappt es besonders gut.

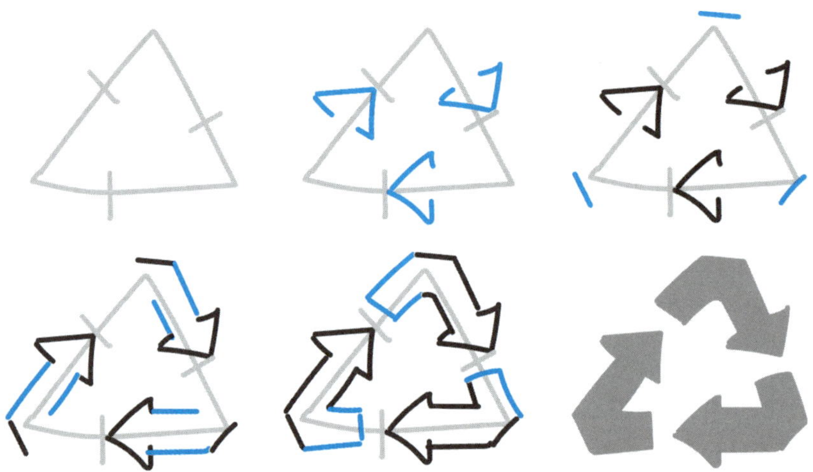

Zu guter Letzt noch ein wenig Gras. Das zeichne ich am häufigsten am unteren Ende von Schildern oder Verkehrszeichen, dann aber ohne die Blüten.

Medien

In der heutigen Zeit sind immer wieder Medien aller Art Thema in allen möglichen Bereichen. Ich habe mal einige Medienbilder zusammengestellt, die ich gerne und häufig verwende. Nicht wundern, es sind auch anachronistische Exemplare dabei, aber die sind manchmal einfacher zu erkennen. Ähnlich wie das Wählscheiben-Telefon statt eines Smartphones.

Fangen wir mit einem Radio an. Das nutze ich als Symbol für Audio und Hören und eben auch für Empfang und Empfänger.

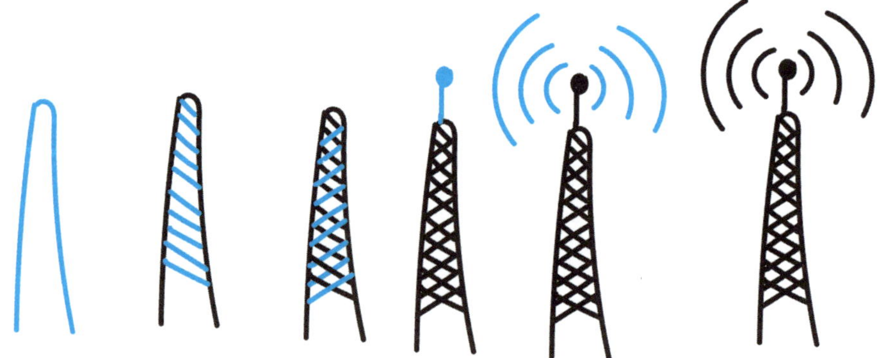

Der Funkturm ist ein gutes Zeichen für Senden, Reichweite und alles was möglichst weit seine Wirkung entfalten soll. Manchmal nutze ich ihn auch für überregionale Verbreitung.

Die Zeitung ist hilfreich, wenn es um Nachrichten, Aktuelles und Informationen geht. Du brauchst da kein reales Bild zu schaffen. Ein paar Striche um die Spalten anzudeuten und farbige Kästchen reichen völlig aus.

Webseiten sind für mich lediglich die drei ws auf einem Computermonitor.

Wenn es um Hören geht, aber auch beim Thema Musik, nutze ich gerne Kopfhörer als einfach zu zeichnendes Symbol und sie sind mit einem kleinen Strich und einem Pünktchen schnell in ein Headset transformiert. Das visualisiert Online-Kommunikation und alles rund um VoIP für mich.

Auch beim Fernsehen bin ich altmodisch aufgestellt, aber moderne Fernseher kann man sonst leicht mit einem Computerbildschirm verwechseln. Fernseher stehen tatsächlich für Fernsehen und Sendungen, Show und derlei.

Ein Magazin kann für VIPs stehen, für reißerische Nachrichten, kritisch geschrieben, für oberflächlichen Journalismus aber auch für Unterhaltungsmedien.

Das Megaphon ist wunderbar, wenn es um Aufmerksamkeit geht. Auch Verbreitung von Informationen und auffällige Kommunikation kannst du so gut darstellen.

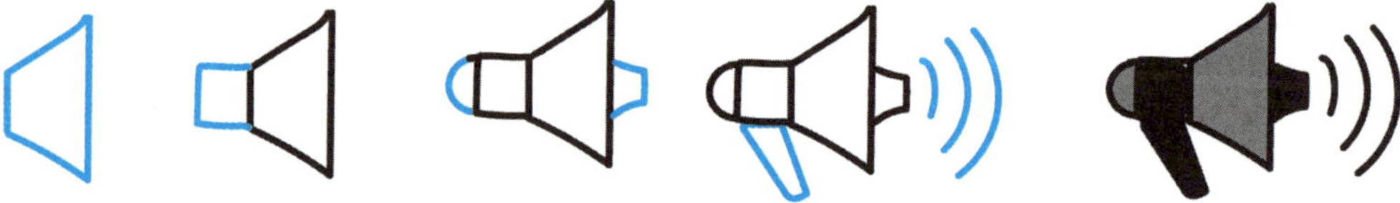

Die Filmkamera stammt auch von anno Tobak, aber ist einfacher zu erkennen, als wenn du einen modernen kleinen Camcorder oder eine Videokamera zeichnest.

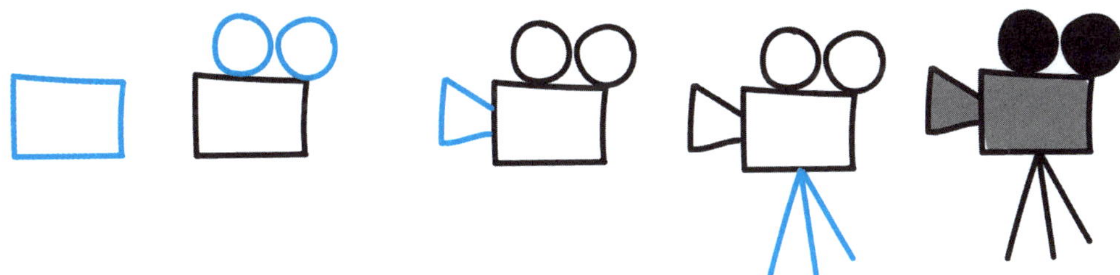

Sie setzt sich aus Grundformen zusammen und ist daher wirklich schnell und leicht zu zeichnen. Außerdem mag ich diese Retrosymbole gerne, denn sie fallen auf und das ist für unsere visuellen Anker perfekt.

Ich fotografiere sehr gerne und habe eine wunderbare Systemkamera, die meine Ansprüche an eine Kamera genau erfüllt. Obwohl ich mich also ein wenig mit den Geräten auskenne, ist das Bild für eine Kamera immer eine extreme Reduktion auf Objektiv und Sucher. Mehr brauchst du nicht.

Das Play-Symbol ist bei mir eher für Jetzt-geht-es-los-Momente oder für Aktion, Starten und andere dynamische, aktionsgeladene Aspekte geeignet. Und es ist wirklich einfach und du kannst es auch gut als Gliederungspunkt nutzen.

DAS
WETTER

Die Wettersymbole gibt es nicht in einer Strich-für-Strich-Anleitung, weil die dann nur sehr kurz wären. Ich möchte dir nur ein paar Hinweise mit auf den Weg geben. Wettermetaphern sind einfach zu verstehen und eignen sich sehr gut für anschauliche Stimmungsbilder. Nicht umsonst sagt man Eitel-Sonnenschein oder Gewitterstimmung.

Wolken

Du kannst Wolken entweder rundlich zeichnen oder unten abgeflacht. Beides ist schön, finde ich, aber je nach Situation oder Platz ist einmal die komplett umwolkte Variante besser und mal die unten gerade. Ich finde Wolken übrigens schöner, wenn sie ein wenig abwechslungsreicher umrandet sind. Das heißt, es gibt mal größere und mal kleinere Bögen und sie sind nicht alle gleich groß.

Wenn es eher freundliche Wolken sind, fülle ich sie mit Hellblau, sind es Regen-, Sturm- oder Gewitterwolken werden sie grau.

Sonne

Wie schon bei der Glühbirne erwähnt, strahlt es schöner, wenn du lange und kurze Strahlen abwechselnd zeichnest.

Ein Thermometer kann im Zusammenhang von Stimmungen oder auch Gefahren gut genutzt werden.

Sport
1
2
3

Die große Welt des Sports bietet viele Bilder, die sich sehr gut übertragen lassen. Ich habe hier mal die zusammengestellt, die ich erstens häufiger benutze und die ich zweitens für hilfreich halte.

Der Pokal steht für erreichte Ziele, kann aber auch für Wettbewerb stehen und für Anreiz. Ich zeichne ihn aber tatsächlich am häufigsten für Erfolg.

Die Hürde kannst du für alle tatsächlichen Hürden nehmen, die bei Bauverordnungen anfangen und bei Sprachbarrieren enden. Es gibt zahlreiche Hürden, die im übertragenen Sinne existieren, und eine nicht minder große Zahl realer Hürden.

Manchmal passe ich sie farblich der Situation an. Wenn beispielsweise ein Fluss die Hürde wäre, kannst du die Streifen ein wenig welliger zeichnen und blau nutzen. Ist es der Boden, der bestimmte Pflanzen nicht wachsen lässt, werden die Streifen braun usw.

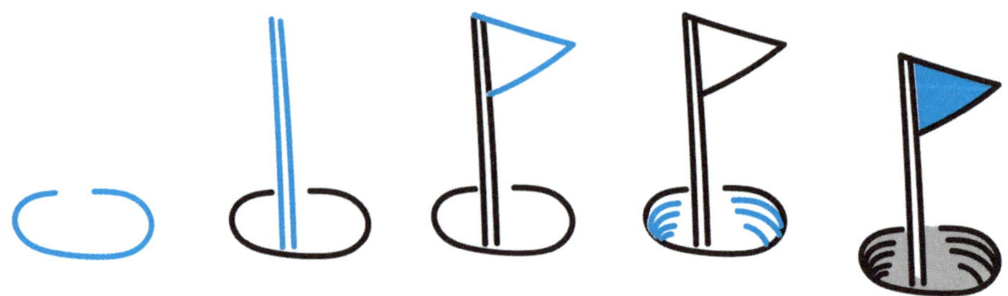

Wenn du nicht immer eine schachbrettfarbene Zielflagge nehmen willst, bietet dir ein Golfloch eine optisch ansprechende Alternative.

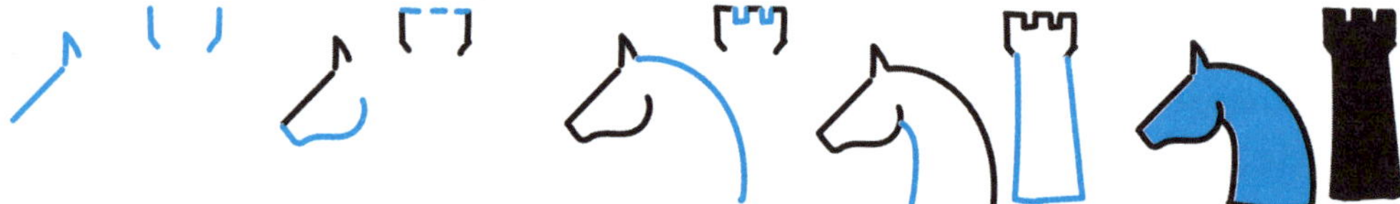

Die beiden Schachfiguren können für Wettbewerb, Strategie aber auch für Vorausplanung stehen. Ich selbst bin zu ungeduldig für Schach und auch zu unkonzentriert, aber die Ausstrahlung des Spiels nehmen sicherlich auch andere nicht spielende Sketchnoter wahr.

Sport, um eine gute Figur zu machen, kann man einfach mit einer Waage versinnbildlichen. Die kannst du aber genauso gut im Gesundheitsbereich nutzen.

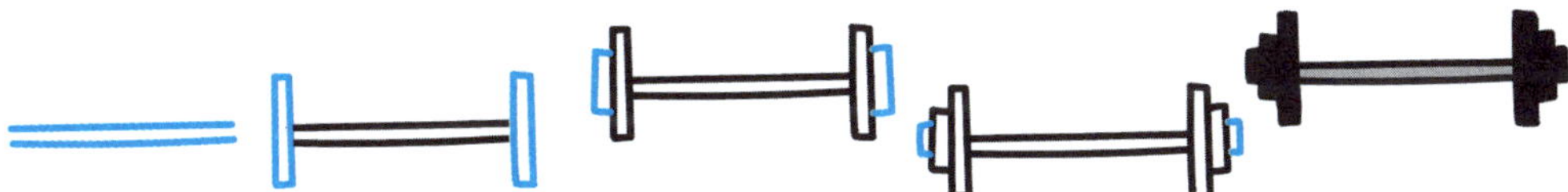

Es gibt sehr viele Wege, um Stärke zu zeigen. Rein zeichnerisch ist es vielleicht ein wenig platt, aber nach wie vor sehr einfach zu erkennen, wenn du eine Hantel oder eine andere Art von Gewicht darstellst. Das geht ganz einfach und wenn du es noch mit einem Männchen kombinierst, so wie ich es dir später in diesem Kapitel noch zeige, dann ist es noch einfacher.

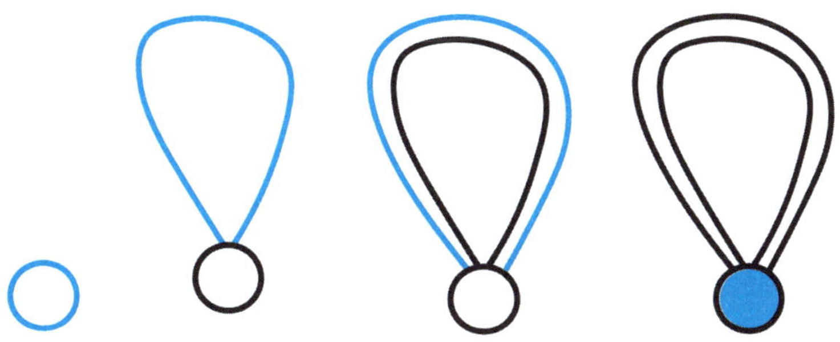

Die Medaille kann, je nach Farbe, natürlich auch für den zweiten oder dritten Platz stehen oder für Teilnahme allgemein. Wertschätzung, Anerkennung und Mitmachen können so ebenfalls visualisiert werden.

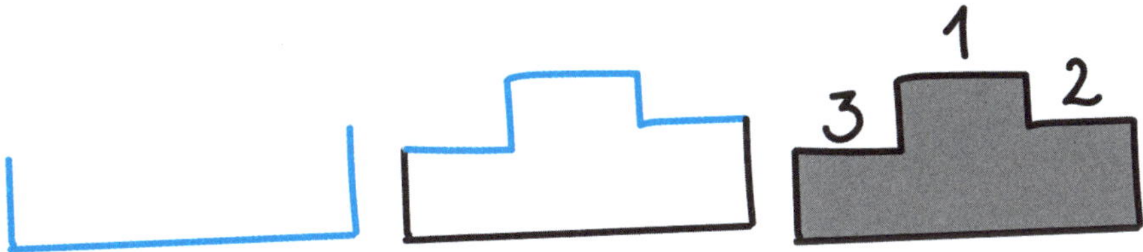

So ein klassisches Podest ist super hilfreich, wenn es darum geht, Vergleiche darzustellen, bei denen es einen Sieger, Favoriten oder Liebling gibt.

Ich liebe Boxhandschuhe, obwohl ich dem Sport nicht so viel abgewinnen kann. Mit ihrer Hilfe kannst du nämlich sowohl Konflikte als auch Störungen darstellen. Einfach das Konfliktthema aufschreiben und den Handschuh dagegen boxen lassen oder zwei Stück zeichnen und auf die Handschuhe die beiden Konfliktparteien schreiben.

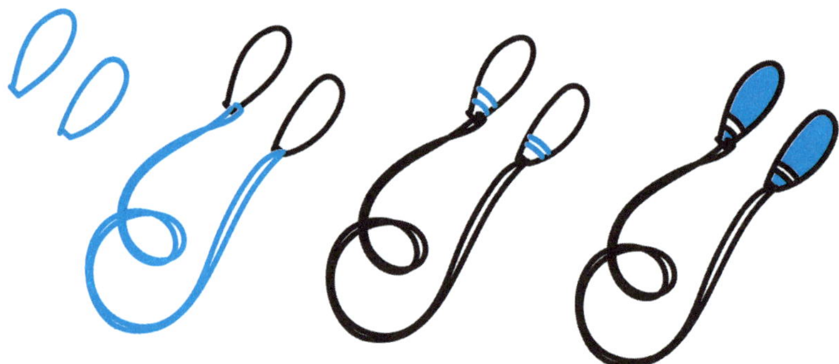

Als Kind habe ich Springseile geliebt und war nicht tot zu kriegen, das ist heute ein wenig anders und daher steht das Springseil bei mir für Ausdauer.

LEBENSMITTEL

Die meisten Lebensmittel brauche ich sicher nicht lang zu erklären, sie stehen für sich selbst. Vieles kann aber natürlich auch für übertragene Dinge genutzt werden.

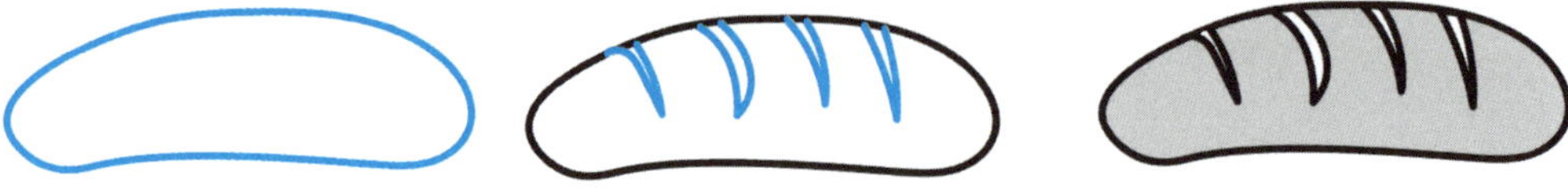

Die Fischgräte nutze ich sehr gerne für eine Idee, die gestorben ist, ein Feld, das bereits ausführlich bearbeitet wurde, oder für den oft gehörten Satz: „Der Fisch stinkt vom Kopf.“, wenn es um Führungsqualität in Unternehmen geht.

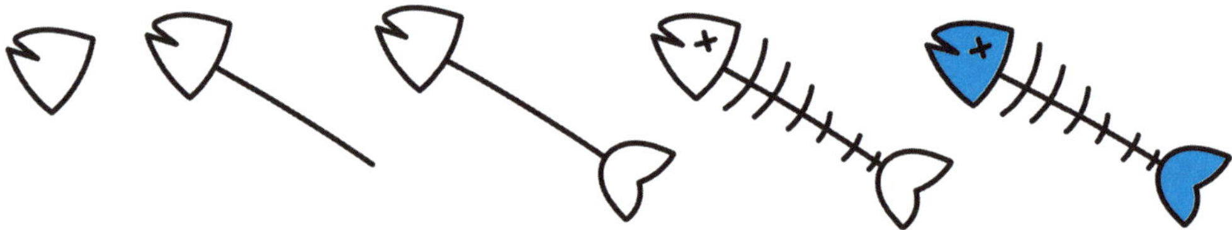

Möhre und Apfel sind wunderbare aber auch sehr oft genutzte Bilder für Gesundheit und vernünftige Ernährung. Gerade Möhren sind super, weil sie Farbe ins Bild bringen. Okay, bei mir jetzt nicht, aber allgemein schon.

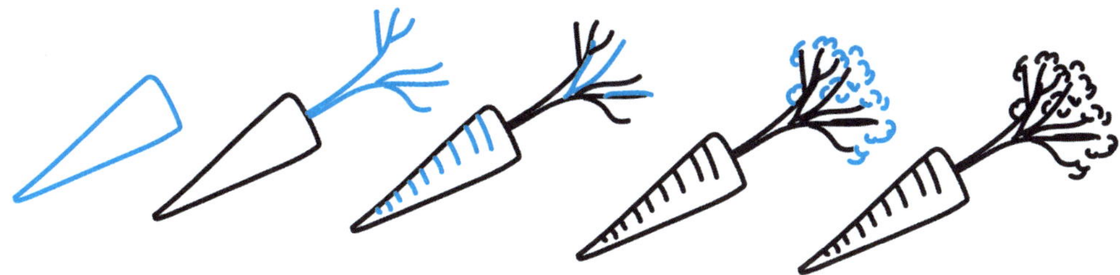

Erdbeeren sind für mich ein Sinnbild für Sommer, aber auch für Süße und Genuss.

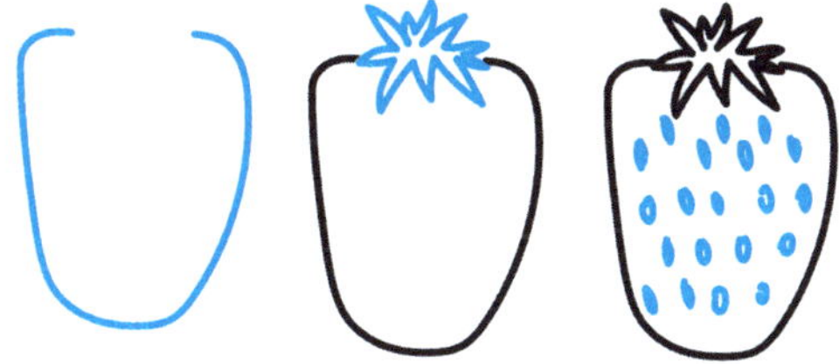

Die Chilischote steht für Schärfe, kann aber auch für Mut stehen, wenn man mit jemandem aus Mexiko befreundet ist, der Chilis im Zugriff hat, bei denen die Augen schon tränen, wenn man nur dran riecht . :)

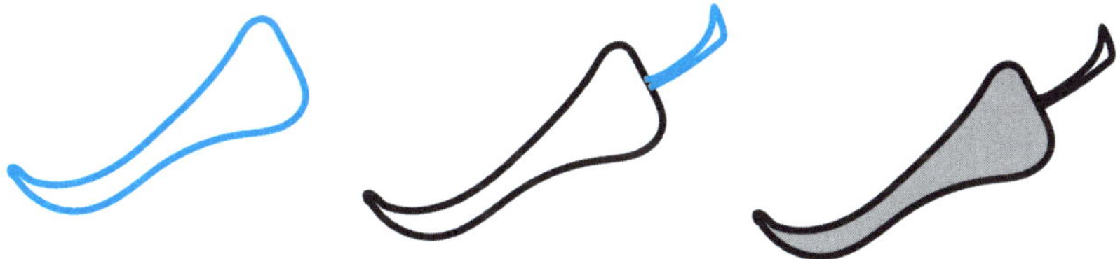

Das Croissant kombiniert mit einer Kaffeetasse steht für Frühstück. Wahrscheinlich bin ich da von meiner Zeit geprägt, die ich in Paris gelebt habe.

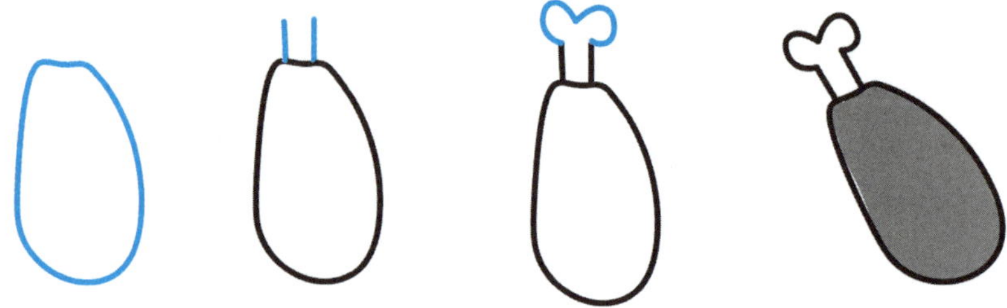

Die Keule ist ein etwas archaisches Symbol, das besonders gerne in Comics vorkommt. Ich bin nicht wirklich ein großer Fleischesser, aber ich finde das Bild sehr lustig und nehme es gerne, wenn es um ein Stück vom großen Ganzen oder ähnliche Wortspiele geht.

Die Tomate habe ich nur aufgenommen, weil es eines der Lebensmittel ist, mit dem viele meiner Workshop-Teilnehmer Probleme haben. Sie kann für Reife stehen oder auch für Sommer, Italien oder Frische.

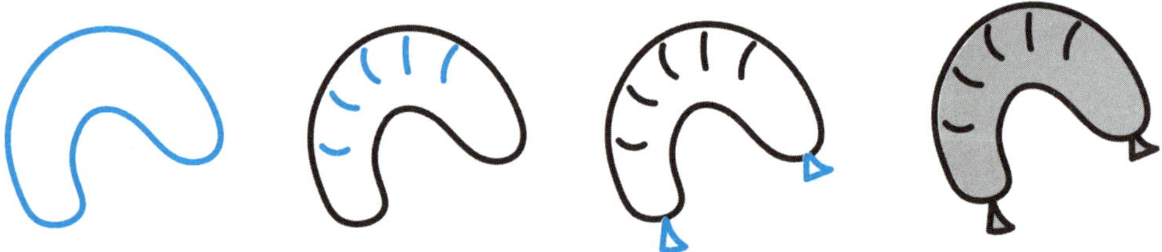

Die Wurst ist eine Hommage an unsere W28 Gruppe, die die deutschsprachigen Graphic Recorder beim ersten Branchentreffen gegründet haben. Eigentlich will ich seitdem eine Wurst auf jedes meiner Recordings zeichnen, trau mich aber noch nicht so richtig.

Die Kochmütze kann für den Koch stehen, für denjenigen, der alles zusammenführt oder auch, in größerer Stückzahl, für das nach wie vor oft genutzte Sprichwort „Viele Köche verderben den Brei".

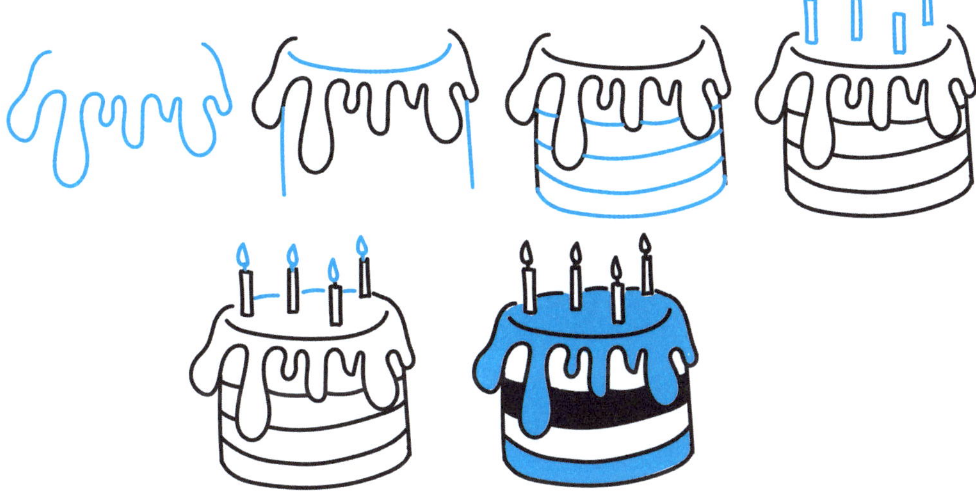

Und zu guter Letzt noch eine Geburtstagstorte, die mit ein wenig Übung schnell gelingt und wirklich spektakulär aussieht. Die meiste Übung brauchst du für den richtigen Schwung für den Guss. Wenn dir das große Schwierigkeiten bereitet, lass ihn einfach weg und nimm einen geraden Rand.

Wissenschaft
& MEDIZIN

Zweimal pro Semester gebe ich im Moment Workshops an der Leibniz-Uni in Hannover. Wenn wir während der Arbeit an der eigenen Bilderwelt auf wichtige Themen zu sprechen kommen, geht es fast immer um die Verbildlichung von Wissenschaft. Meistens ist dann der klassische Doktorhut ein gefragtes Symbol. Wenn du mit der Raute anfängst, ist er auch recht einfach gezeichnet.

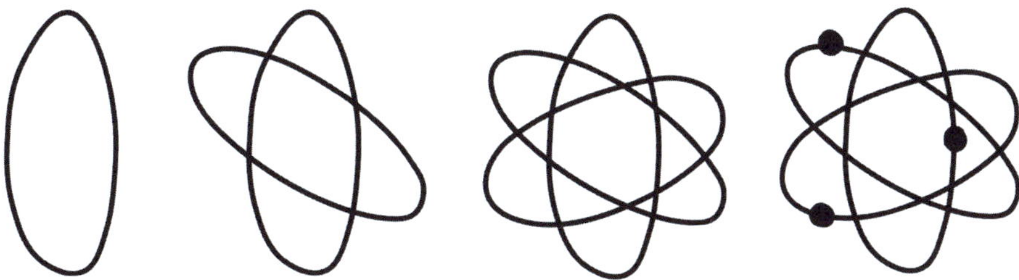

Besonders seit der Bing Bang Theory ist das Atomzeichen wieder präsenter in Medien und Internet. In der Tat ist es ein gutes Symbol, wenn es um Wissenschaft geht, aber ich nutze es auch bei Vergleichen zwischen etwas sehr Großem und sehr Kleinem.

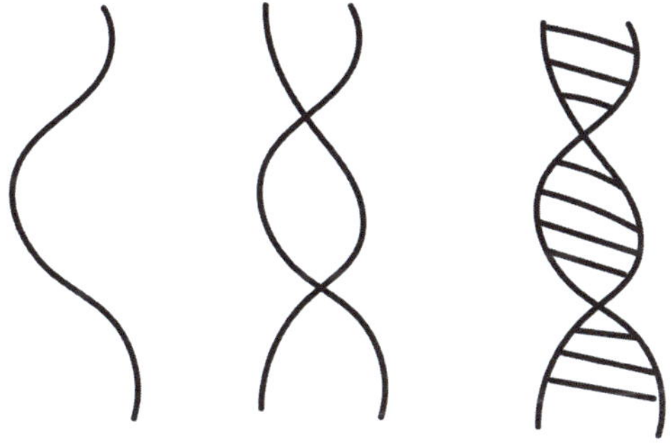

Der DNA-Strang hilft, wenn du etwas wie genetisch bedingte Verhaltensweisen darstellen willst oder, zum Beispiel übertragen auf Unternehmenskulturen, feste Abläufe, die es seit Ewigkeiten gibt.

Für alles Kognitive aber auch für Wissen nutze ich das Gehirn. Leicht rosa ausgefüllt wird es auch nicht mit Brokkoli, Walnuss oder Wolke verwechselt.

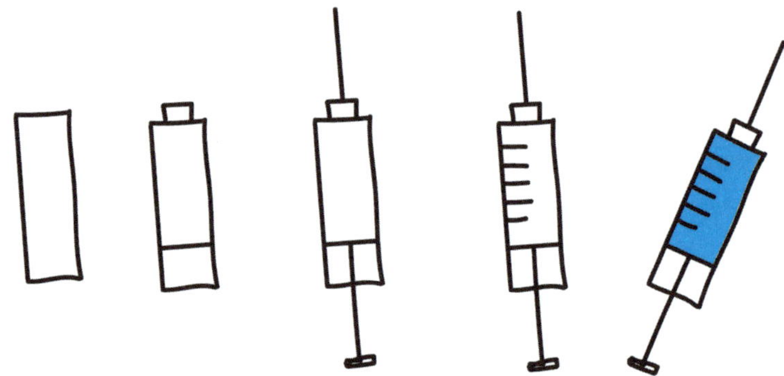

Im Bereich Medikamente kannst du natürlich einfach ein paar Pillen oder Tabletten zeichnen, aber eine Spritze geht nicht so schnell unter. Außerdem kann sie noch für schnelle Hilfe oder Sofortmaßnahme stehen.

Bei Perspektiven, Ausblick in die Zukunft, Weitblick und derlei mehr zeichne ich immer ein Teleskop. Das hat nich nur mit meiner Outer-Space-Leidenschaft zu tun, sondern auch mit der Einfachheit des Zeichnens. Kombinier es am besten noch mit dem, worauf man hinblickt, etwa den fertigen Geschäftsbericht, das Endprodukt oder das Projektende.

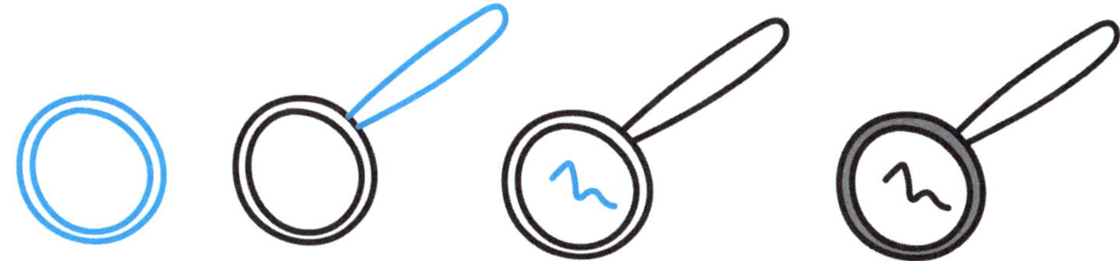

Wann immer ich zeigen will, dass etwas im Fokus ist oder man besonders hinschaut, zeichne ich entweder ein Auge oder eine Lupe. Besonders nett ist der Effekt mit der Lupe, wenn du das, worauf geschaut wird, im Kreis der Lupe größer zeichnest als außerhalb.

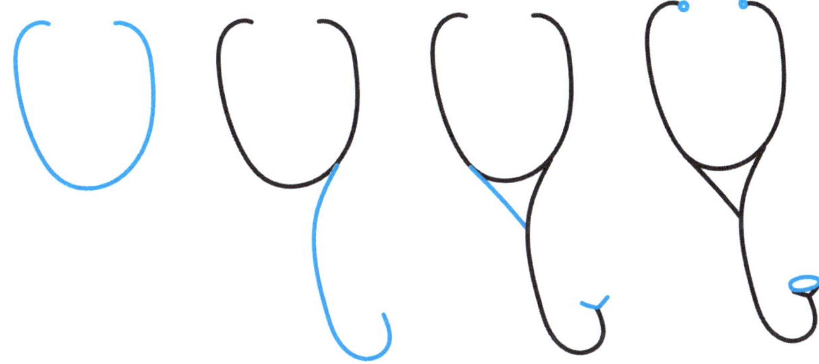

Stethoskope sind einfacher zu zeichnen als man denkt. Sie sind gut als Attribut eines Männchens, das so als Arzt erkannt werden kann, oder auch als Zeichen für eine Untersuchung. Dabei muss es nicht unbedingt um eine medizinische Untersuchung gehen.

Ähnlich wie die Lupe steht das Mikroskop bei mir oft als Bild für das genauere Hinschauen und den Fokus auf etwas. Besonders, wenn das, was man betrachtet, vielleicht sonst wenig Beachtung findet.

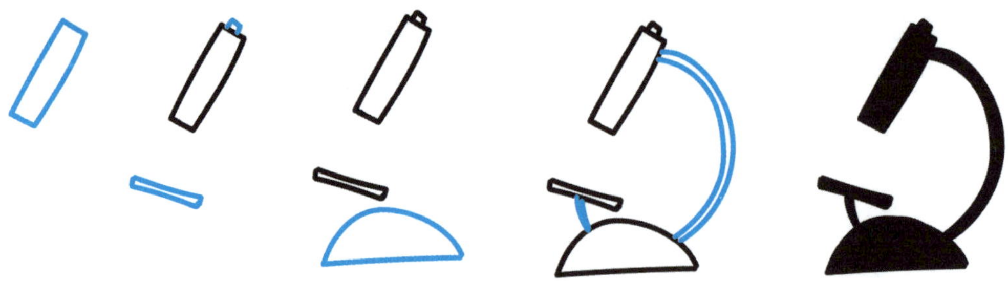

Etwas, auf das ich während meiner Arbeit immer häufiger stoße, ist der Wunsch danach, experimentierfreudiger zu werden. Nicht erst endlose Diskussionen führen und Worst-Case-Szenarien überdenken, sondern einfach mal tun. Experimente sind bei mir immer etwas klischeehaft durch Reagenzgläser und andere Laborgläser wie Bechergläser oder Erlenmeierkolben visualisiert.

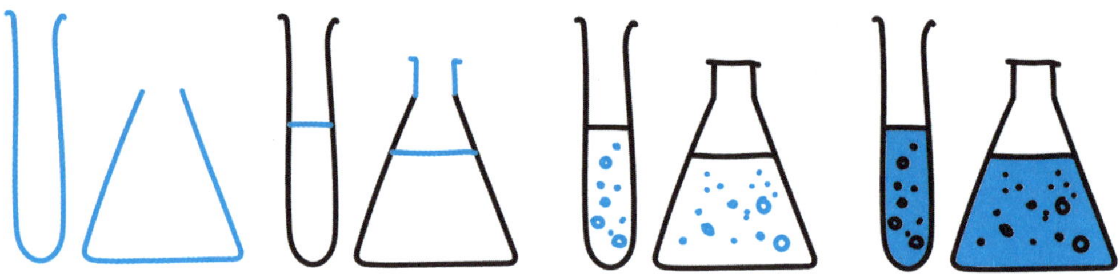

Pipetten sind für mich das Symbol für Extrahieren. Wenn du sie größer zeichnest, kannst du in den Gumminupsi auch noch das zeichnen, was extrahiert wird: ein Buch, ein Konzept, ein Geruch oder was auch immer.

BÜRO & WIRTSCHAFT
5
5
@
2

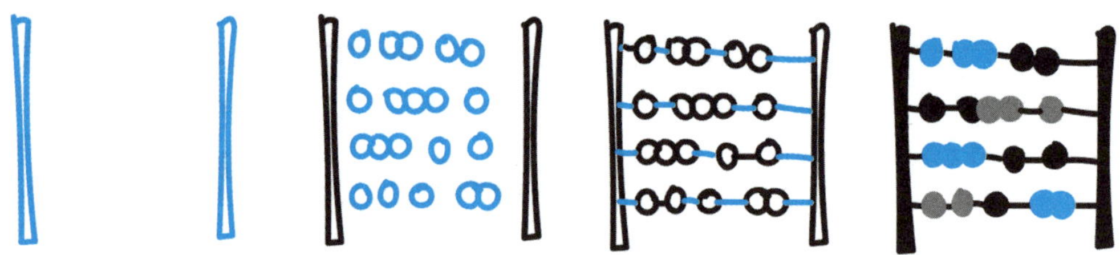

Wie du ja schon gemerkt hast, sind Anachronismen in der Welt der Visualisierung ein häufiger zu findendes Phänomen. Ich persönlich glaube, dass ein Durchbrechen der bekannten Sehweisen oftmals der Aufmerksamkeit dienlich ist. Deswegen nehme ich meistens, wenn es um das Thema Rechnen oder Kalkulation geht, einen Abakus anstelle eines Taschenrechners. Wäre ich korrekt, müsste ich wahrscheinlich ein Smartphone darstellen, was heute die Mehrheit meiner Umgebung zum Rechnen nutzt. Aber wir Sketchnoter können uns da aus anderen Schatzkästchen bedienen.

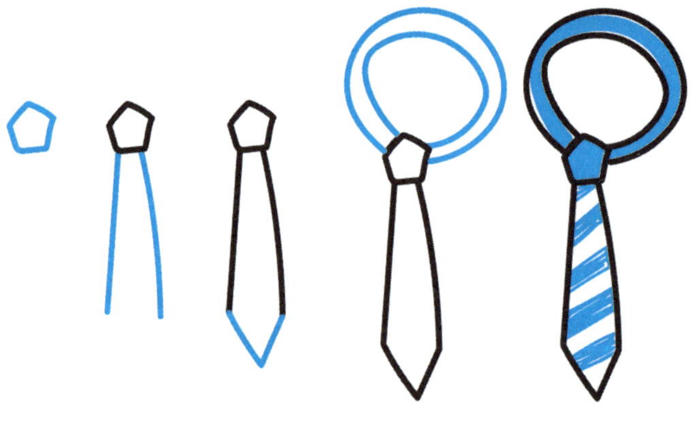

Visualisiere ich Führungskräfte, nutze ich oft klassische Kleiderklischees. Der Mann mit der Krawatte oder die Frau mit dem Kostüm sind dann die Bosse.

Die Krawatte kann auch als Sinnbild für Formalitäten genutzt werden und manchmal auch für altmodische Führungsstile. Wenn du mit einem kleinen Häuschen startest, ist der Rest ein Kinderspiel.

Eine Aufgabe in einem Kreativ-Workshop, den ich mal besucht habe, war es, einen neuen Geldschein zu entwerfen. Ich hatte keine Ahnung, wie vielfältig die Ideen sein können, wie Zahlungsmittel gestaltet werden können. Ich sag nur, Chamäleon-Geld, das immer passend zum Outfit die Farbe wechseln kann. Bei mir hat Geld immer ein angedeutetes Porträt und einen Zahlenwert und ist meistens grün. Fertig.

Budget oder Finanzierung stelle ich immer als Geldsack dar. Das ist eine schnell zu zeichnende Form und fällt auf.

Der nächste Anachronismus ist die Diskette. Es funktioniert nach wie vor als Speichersymbol, obwohl es kein Diskettenlaufwerk mehr an meinem Rechner gibt. Die Form ist gut zu erkennen und einfach zu zeichnen. Es gab jetzt allerdings in einigen Workshops schon Zweifel, ob jüngere Menschen überhaupt noch wissen, was das ist …

Für diese Zielgruppe oder den Wunsch nach einem aktuelleren Speichermedium gibt es hier noch geschwind die Strich-für-Strich-Anleitung für einen USB-Stick.

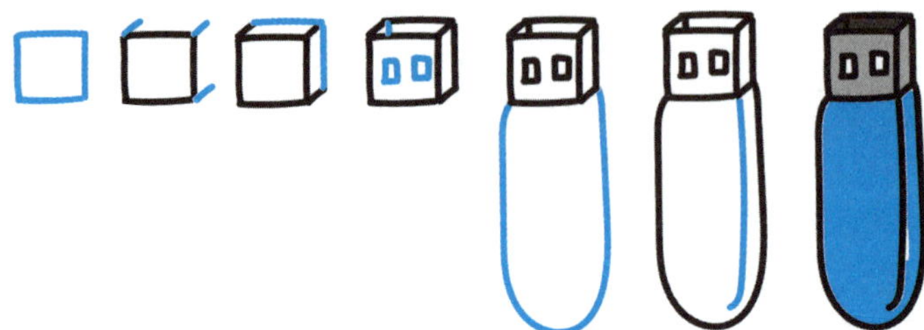

Diagramme sind gut, wenn man Statistik oder Auswertung oder Ähnliches zu Papier bringen will. Tortendiagramme fallen mehr auf, Balkendiagramme sind noch einfacher zu zeichnen. Wie bei so vielen Bildern: Geschmackssache.

Drucker braucht man hin und wieder, wenn es um den tatsächlichen Druck geht oder auch bei der Frage, in welcher Form etwas vorliegt. Man kann es auch für Kopie nehmen, dann zeichne ich den Kasten nach unten etwas größer und ergänze es mit einem Stapel Papier daneben.

Work-Life-Balance ist heutzutage in aller Munde, das kannst du gut mithilfe einer Waage darstellen: in die eine Schale ein Häuschen oder ein paar Menschen in die andere eine Hochhaus oder Industriegebäude. Du kannst aber auch alles Mögliche andere nehmen. Ich habe mal Ideen versus Finazierung gesetzt.

Die Aktentasche kann für die gesammelten Dokumente stehen, die für etwas mitgenommen werden müssen, oder auch für Geschäftsreise.

Die Büroklammer habe ich nur aufgenommen, weil sie vielen Workshopteilnehmenden Probleme bereitet und manchmal ein schönes Symbol für Zusammenfügen oder Ordnen ist.

Kalender sind super geeignet, um Deadlines zu verbildlichen, aber auch tatsächliche Daten, zum Beispiel für das nächste Treffen oder ein Event, lassen sich so sehr gut visualisieren.

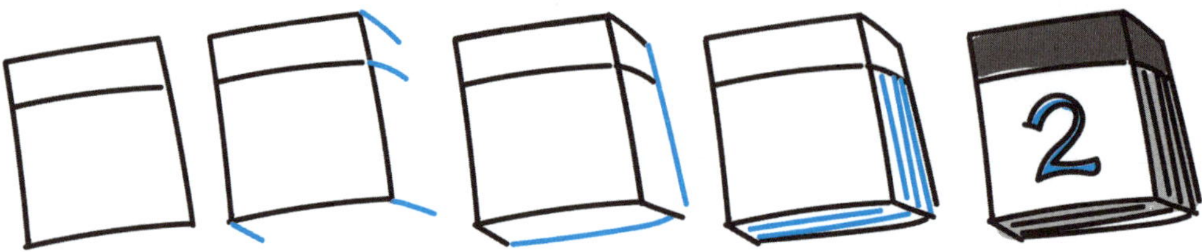

Stempel nutze ich für Genehmigungen oder auch für offiziell Bestätigtes.

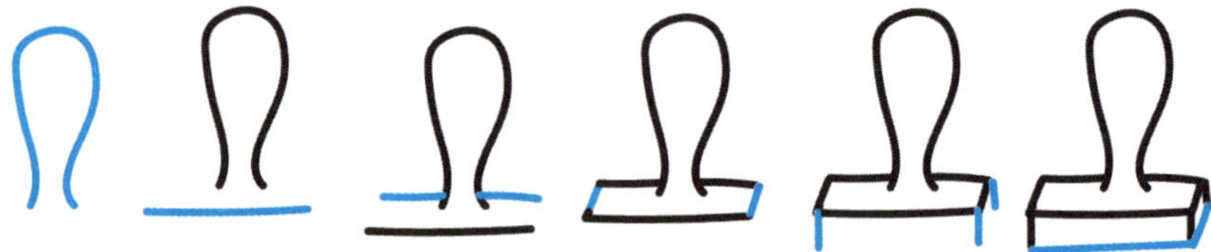

Wann immer man mit Webseiten arbeitet, bietet sich entweder der Computer oder das Link-Symbol in Form einer Kette an. Du kannst die Kette ganz einfach zeichnen.

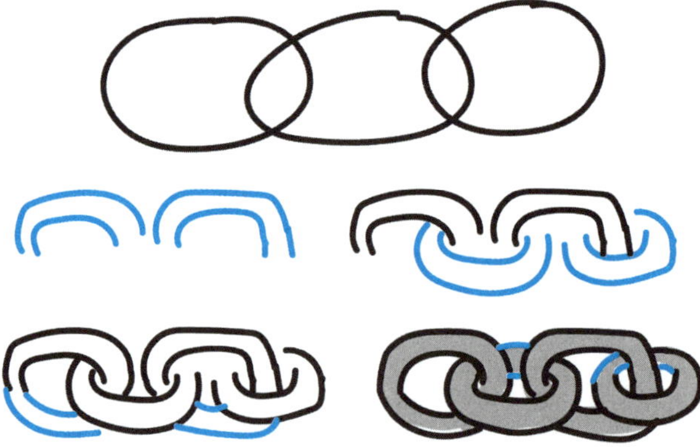

Oder du nimmst dir etwas mehr Zeit und machst die Kette zu einem dreidimensionalen Blickfang. Übung hilft hier.

Collegeblöcke waren während des Studiums konkurrenzlose Begleiter.

Ein Symbol, zwei Verwendungsmöglichkeiten: Du kannst den Briefumschlag als Zeichen für Post, Verschicken, Empfangen und alles rund um die gute alte Schneckenpost nutzen oder du zeichnest noch ein @ drauf und schon hast du ein Symbol für E-Mail.

Und nur, weil ich hin und wieder Workshop-Teilnehmer habe, die mit dem @ so ihre liebe Not haben: einfach ein kleines a schreiben und dann den Endpunkt nehmen und von da aus einen großen Bogen zurück über den Buchstaben zeichnen.

ORIGAMI-ICONS

Ich stehe schon seit Kindertagen auf Origami. Ich habe verregnete Tage in den Ferien gerne mit Papierfalten zugebracht und jeden, der nicht laut Nein sagte, mit meinen Fröschen, Schachteln und Booten überschüttet. Im Grafik-Design mag ich die polygonen Strukturen sehr, die sich im Moment überall im Printwesen tummeln und die auch irgendwie an Origami erinnern, und überall in meinem Büro findet man vor allem Origami-Kraniche in 3D und als Poster, Girlande oder Postkarte. Daher gibt es hier als kleines Extra noch ein Tutorial, wie man Origami-Icons zeichnet.

Die Ästhetik der einzelnen Objekte ist ganz speziell und hat etwas Spielerisches, ohne infantil zu sein. Das Boot kann für Dinge stehen, die ganz leicht gehen und, die Windmühle ist für mich ein typisches Bild für den Sommer.

DER PAPIERFLIEGER

DAS BOOT

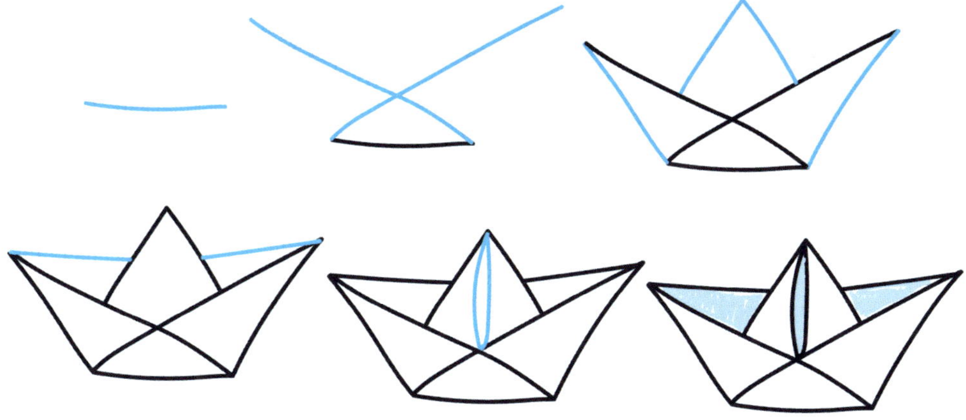

DER KRANICH

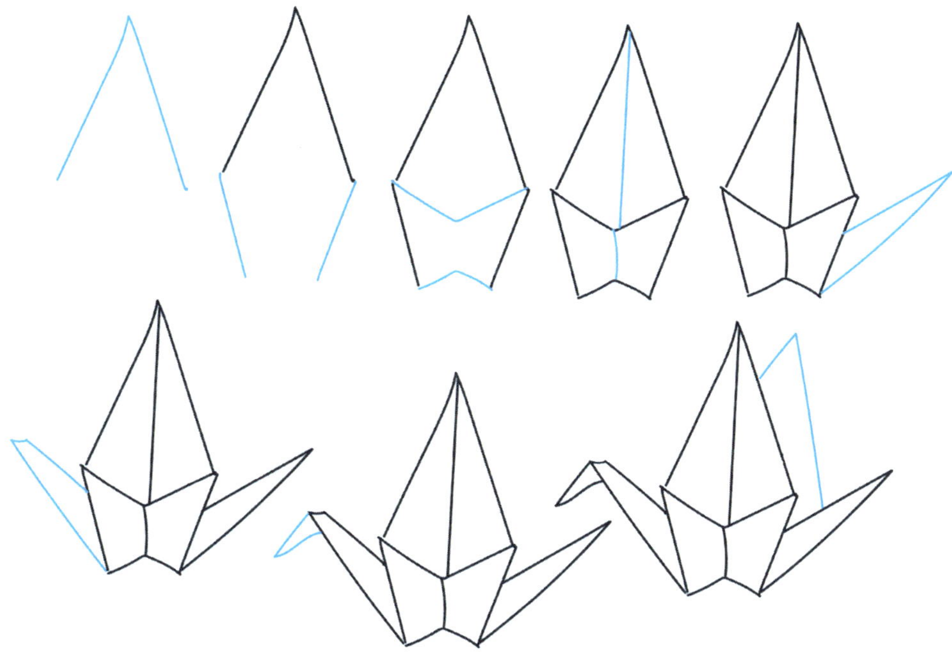

Nicht nur wegen der japanischen Legende, dass derjenige, der 1000 Kraniche faltet, von den Göttern einen Wunsch erfüllt bekommt, sondern auch wegen der Geschichte von Sadako Sasaki und dem Transfer des Kranichs in ein Symbol des Friedens und des Widerstands gegen den Atomkrieg mag ich diese abstrahierten Vögel. Zugegeben, der Kranich ist nicht ganz einfach, aber wenn man ihn 1000 Mal gezeichnet hat, geht zumindest der Wunsch in Erfüllung, bessere Origami-Kraniche zeichnen zu können. :)

DIE WINDMÜHLE

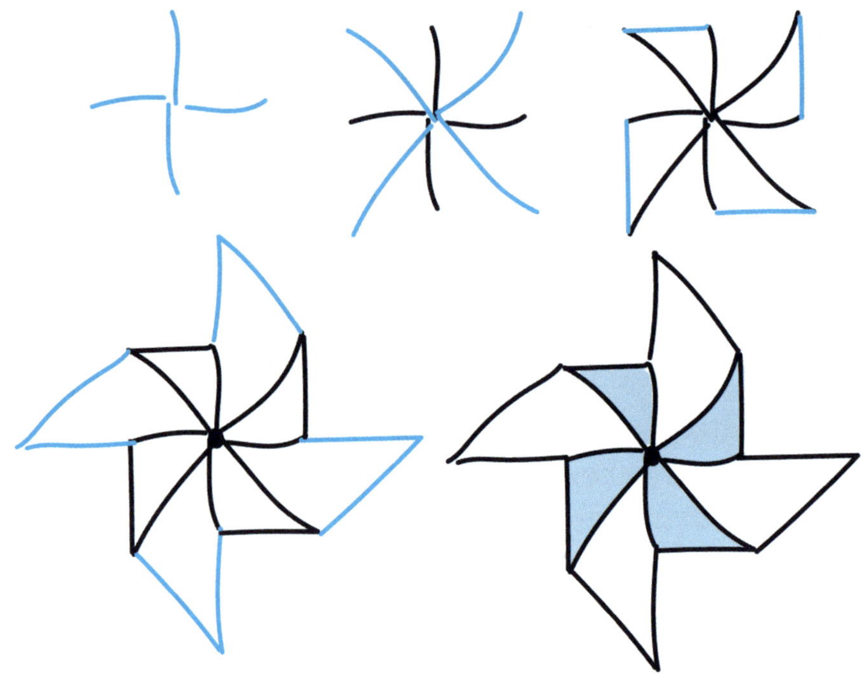

Diese Figur, die im strengen Sinn keine Origamivariante ist, weil man ja schneiden muss, um sie hinzubekommen, ist ein wenig tricky, aber mit Übung kein Problem. Du musst darauf achten, dass die Linienkreuze leicht versetzt sind, dann ist der Effekt hinterher lebendiger. Versuch am besten, auch ein wenig kurviger zu zeichnen, denn eigentlich bestehen die Windmühlenflügel ja aus Papier, das nach innen gebogen wurde.

Viel Spaß beim Nachzeichnen!

So, nun hast du viele Symbole kennengelernt und kannst vielleicht schon das ein oder andere sicher zeichnen. Wichtig ist nun, dass du übst, übst, übst.

Hier ein paar Anregungen, was du so zeichnen könntest.

Gestalte eine Briefmarke

Wann immer ich welche kaufe, denke ich, die könnten ja auch mal schön aussehen. Okay, es gab welche mit Asterix, aber die waren dank Portoerhöhung schnell weg vom Markt. Nun schicke ich wieder Landschaften und Blumen durch die Gegend. Selbst gestaltete Briefmarken wären eine wirkliche Innovation. Mal sehen, ob es irgendwann mal eine mit Sketchnote-Rakete gibt.

Zeichne dein Mittagessen

Hier musst du schnell sein, sonst ist das Essen kalt :)

Gerne auch schon mit ein wenig Schrift. Du kannst natürlich auch nur die Zutaten zeichnen. Wie du magst. Mein Traum ist ja, irgendwann mal ein Kochbuch herauszugeben mit Sketchnote-Rezepten.

Kapitel 3

MENSCHEN & EMOTIONEN

Porträts

Emotionen

Körperhaltungen

PORTRÄTS

Manchmal hilft es der Erinnerung an ein Erlebnis sehr, wenn man es mit einem Gesicht verknüpfen kann. Um ein kleines Gesicht mit Ähnlichkeit zu versehen, brauchst du keine künstlerischen Fertigkeiten. Mit der Zeit wirst du sehen, dass auch das immer einfacher wird und besser gelingt.

Wichtig ist, dass du dich auf ein paar wesentliche Punkte konzentrierst.

⇨ Frisur, Bart, Brille oder sonstige Auffälligkeiten

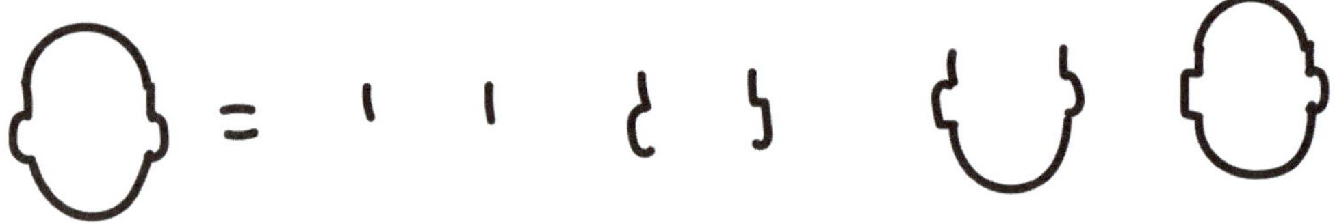

Mit einem einfachen Standard-Gesicht kommst du schon sehr weit. Ich fange immer mit der Schläfe an und setze dann die Ohren darunter. Anschließend kommen die beiden Halbkreise für Kinn und Stirn. Fertig.

Danach konzentriere ich mich auf die Frisur und auf besondere Merkmale. Ein Bart, eine Brille oder auch ein auffälliger Lippenstift können viel der Charakteristik einer Person ausmachen. Neulich hatte ich einen Redner mit spektakulär coolen Segelohren. So was meine ich. Ich versuche, das nie zu überzogen zu zeichnen und möchte dabei nicht in auf die Karikatur-Schiene kommen, aber das obliegt dem eigenen Geschmack.

Hier siehst du ein paar Beispiele. In der unteren Reihe habe ich neben mir Einstein, Angela Merkel und Sascha Lobo verewigt. Nicht, dass ich mich in einer Reihe mit ihnen sehen würde, versteht sich.

Du siehst, wir haben alle die gleiche Gesichtsgrundform und unterscheiden uns nur in Frisur und anderen Merkmalen. So hat Einstein seinen typischen Bart und streckt die Zunge heraus, wie auf dem berühmten Foto von ihm. Frau Merkel hat ihre sehr charakteristischen Mundfalten bekommen, nebst der klassischen Frisur, und Sascha Lobo seinen Irokesen und den Schnauzer. Ich habe immer ein Band in den Locken und trage sehr gerne Lippenstift.

Zusätzlich kannst du dir noch anschauen, was die Person trägt, und das ebenfalls andeuten.

Such dir ein paar Freunde oder auch Prominente und versuche, ein Miniporträt von ihnen zu zeichnen. Schau, ob es besonders charakteristische Gesichtszüge gibt, sowas wie ein sehr kantiges Kinn oder ein Grübchen.

EMOTIONEN

Beim Thema Gesicht und Porträt sind wir schon ganz nah bei einem weiteren wichtigen Aspekts. Gefühle. Um Gefühle in eine Sketchnote zu bekommen, braucht es gar nicht viel. Mir reichen meistens schon ein Mund und die Augen, um die meisten Emotionen, die nicht zu komplex sind, darzustellen.

Mike Rohde zeigt in seinem Sketchnote-Handbuch eine sehr gute Matrix, wie man mit geringstmöglichem Aufwand unterschiedliche Stimmungen hinbekommen kann.

Wenn es dann an konkretere Gefühle geht, hilft es dir vielleicht, dass manche Gefühle ziemlich vielschichtig sind und damit sehr,

AUGENBRAUEN

MUND

Mike Rohde Matrix

sehr schwer zu zeichnen. Du solltest dich unbedingt auf die Primärgefühle beschränken. Mir hat der Besuch eines Improtheaters die Augen geöffnet, weil klar war, schauspielerisch lassen sich feine Unterscheidungen vor allem aus dem Wechsel der Mienen ableiten. Zeichnerisch ist das schon sehr viel schwieriger.

Primärgefühle sind für mich so was wie:

Liebe, Überraschung, Ekel, Freude, Angst, Wut, Trauer.

Aber wenn du warmherzig, aufgeweckt oder bezaubernd zeigen willst, ist das nicht mal eben so getan. Du kannst bei offensichtlichen Bezügen natürlich mit Hilfssymbolen arbeiten. Das ist meistens lustig und kommt gut an. Aber sarkastisch oder ironisch ist nicht so leicht. Übe vor dem Spiegel und beobachte, wie dein Gesicht sich verändert. Ich arbeite oft auch mit geschriebenen Wörtern, wenn es zu komplex wird.

KÖRPERHALTUNG

Unterschiedliche Körperhaltungen hinzubekommen, ist nicht so schwer, wenn du dir ein paar einfache Dinge merkst und du dir, gerade am Anfang, ein bisschen zu helfen weißt.

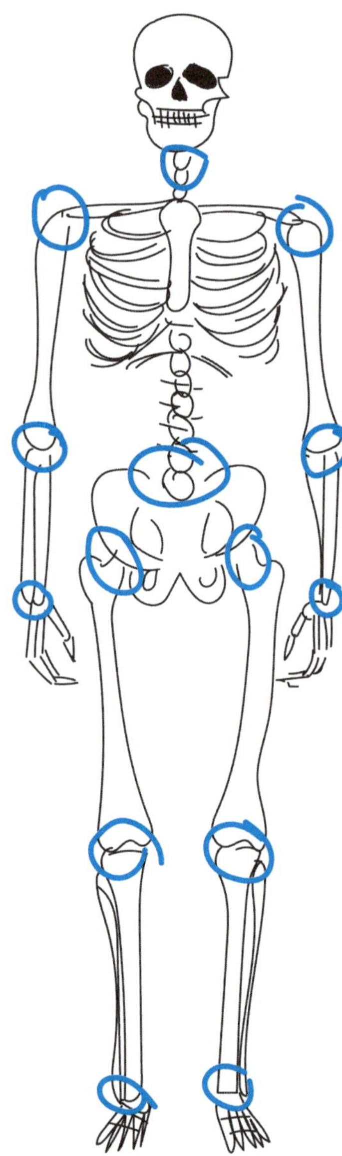

Das Wichtigste zuerst: Der Mensch hat Knochen und die sollte man nicht brechen. Damit ist schon mal eine natürliche Grenze der Beweglichkeit vorgegeben. Daneben gibt es aber, Gott sei dank, Gelenke und die musst du als Sketchnoter auch auf dem Schirm haben, auch wenn es eigentlich nicht um Kunst geht.

Es gibt im Kunstladen diese wunderbaren Holz-Gliederpuppen, die man in alle denkbaren Positionen und Körperhaltungen verbiegen kann. Leider sind sie sperrig und man nimmt sie natürlich nicht überall hin mit. Gerade am Anfang kann ich dir einen Tipp aus dem Studium verraten. Einer unserer Profs, der tatsächlich auch mal an die Geldbörse der Studenten dachte, hat uns einen einfachen Trick gezeigt. Man nimmt einfach ein Stück Papier und zeichnet sich die wesentlichen Elemente eines Menschen drauf. Dann schneidet man sie aus und kann sie beliebig verdrehen. Achtung! Hier gibt es natürlich keine Grenzen, da unser Papierpüppchen natürlich keine Sehnen hat, aber du weißt ja, was noch normal ist und ab wann man in eine spezielle Fernsehshow gehört. Was du brauchst, sind Kopf, Oberkörper, Oberarme, Unterarme, Hände, Unterkörper, Oberschenkel, Unterschenkel und Füße. Auf der Zeichnung habe ich das alles mal aufgemalt.

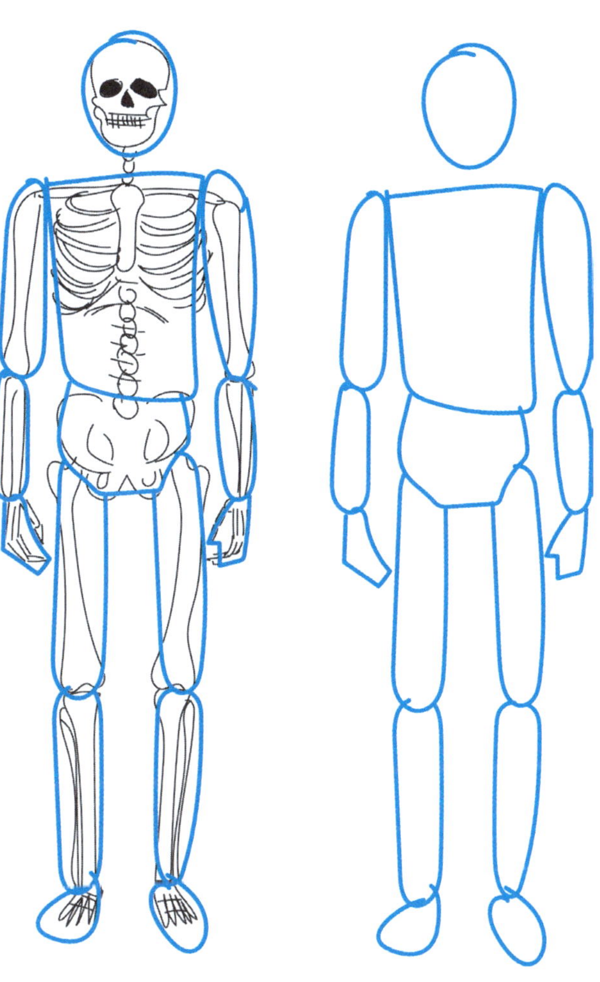

Du kannst dir eine richtige Vorlage auch auf der Webseite vom Buch herunterladen.

Wenn du nun dein Papierpüppchen vor dir liegen hast, kannst du alle möglichen Figuren ausprobieren und sehen, was dein Männchen so alles kann.

Egal ob skeptisch, resigniert oder ein Mensch, der sich streckt. Mithilfe der einzelnen Elemente des Körpers kannst du mit Leichtigkeit alle Körperhaltungen einfach nachbauen.

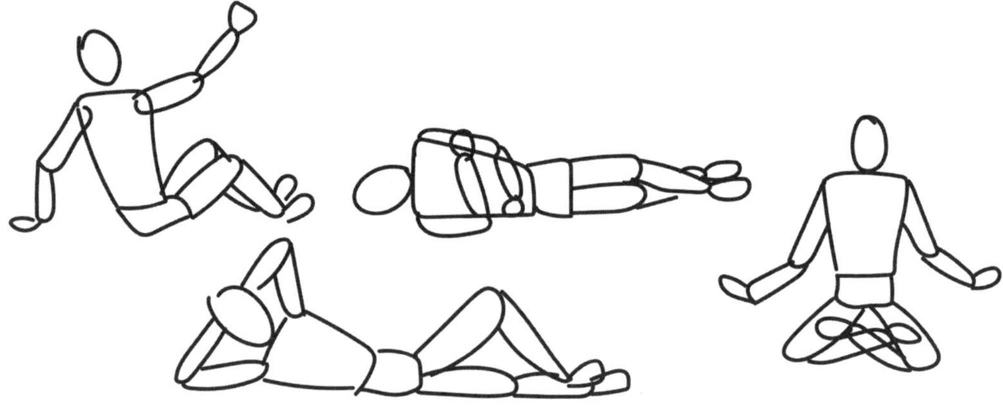

Nach einiger Zeit, die man einfach fürs Üben braucht, wirst du dann so sicher sein, dass du nicht mehr in einzelnen Gliedern denkst, sondern gleich ein ganzes Bein oder einen kompletten Arm zeichnen kannst. Aber kein Stress. Lass dir Zeit. Ach ja, mit ein wenig Kleidung sieht deine Figur auch noch mal anders aus.

Eine schöne Übung ist es, Menschen aus Zeitschriften nachzubauen und dann abzuzeichnen. Dabei kannst du alles nehmen, was dir in die Finger kommt: Klatsch- und Tratschpresse, Nachrichtenmagazine oder Mode- und Einrichtungs-Journale. Am Anfang kannst du auch einfach nur die Gliedmaßen mit der vereinfachten, etwas wurstigen Form umkringeln und dann das Ganze abzeichnen, oder eben du legst dir deine Papierpuppe bereit. Egal wie, je mehr du übst, desto problemloser werden ganze Menschenfiguren für dich. Viel Spaß!

Kapitel 4

HILFSMITTEL

Einfache Kästen

Bilderrahmen

Wolken, Zacken & Co.

Schilder, Wegweiser & Fahnen

Girlanden

Banner

HILFSMITTEL

Ohne Boxen, Kästchen, Wolken und Banner wären wir Sketchnoter aufgeschmissen. Manchmal kommt der Inhalt doch recht wild daher und da ist es gut, Dinge auch optisch voneinander abzugrenzen. Bei anderen Inhalten ist es gut, mithilfe unterschiedlicher Umrandungen Zugehörigkeiten zu verschiedenen Ebenen, Hierarchien oder Ähnlichem zu zeigen. Das machst du am besten mit Kästchen oder Boxen, die du rund um den Bereich zeichnest.

Wichtigste Regel:
ERST SCHREIBEN,
DANN RAHMEN DRUMHERUM ZEICHNEN.

Nichts ist ärgerlicher als wenn der Rahmen toll aussieht und dann das Wort nicht reinpasst oder zu klein für den großen Kasten ist, den du schon gezeichnet hast.

Die Vielfalt bei Rahmen, Boxen und Umrandungen ist so breit, dass ich nur ein paar Beispiele zeigen will, die sich in meiner Praxis bewährt haben.

Einfache Kästen

Manchmal reicht schon ein doppelter Rahmen aus, vielleicht noch in einer anderen Farbe, um Dinge gut hervorzuheben. Wenn du ein wenig schicker sein willst, kannst du kleine Nägelchen verwenden. Dazu einfach kleine Ts schräg in die Ecken schreiben.

Auch ein schöner Effekt ist es, ein Symbol in eine Ecke des Kastens zu zeichnen und dann den Rahmen bis dorthin laufen zu lassen. Ein Eselsohr ist schnell gezeichnet und gibt zusammen mit Schatten (im übernächsten Kapitel gibts dazu mehr) 3D-Wirkung. Klebefilm-Streifen sind auch einfach zu zeichnen, wenn man weiß, wie. Daher hier die Anleitung. Wichtig ist, dass du ausprobierst, welche Kastenart du magst und gut zeichnen kannst.

Bilderrahmen

Eine weitere schöne Art, deinen Inhalten einen würdigen Rahmen zu verleihen, sind Bilderrahmen. Dabei kannst du zwischen schlicht und opulent wählen. Manchmal nutze ich solche Rahmen auch für Zitate.

Hier siehst du zwei Beispiele, aber auch hier gilt: Deiner Fantasie sind keine Grenzen gesetzt und du kannst auch kleine Symbole oder sogar Wörter in den Rahmen einbauen. Probier einfach ein wenig herum.

Wolken, Zacken und Co.

Auch wenn viele Wolken nicht mehr sehen können, ich mag sie nach wie vor. Es gibt wenige Kunstwerke, die ich gerne im Original besitzen wollen würde, aber John Constables Wolkenstudie, das wäre was.

Bei Wolken hast du die Wahl zwischen komplett wolkig und unten abgeflacht. Zacken hingegen eignen sich besonders gut für Neues oder Dinge, die ein wenig Inszenierung brauchen. Manchmal auch für Negatives.

Schilder, Wegweiser und Fahnen

Girlanden

Manchmal, besonders wenn nur ein Wort relevant ist für eine Überschrift oder wenn es zum Beispiel zwischen zwei Aspekten vermittelt, kannst du nur dieses Wort auch in eine Girlande packen.

Banner

Ich habe seit Jahren eine Schwäche für Banner und habe sehr zur Freude der Mitschauer bei diversen DVD-Abenden schon mal spontan Stopp gedrückt, wenn tolle Banner im Bild waren. So zum Beispiel die Karte des Herumtreibers bei Harry Potter, die wirklich spektakuläre Banner zu bieten hat. Ich zeichne die dann schnell ab und der Film geht weiter.

Auf der voherigen Seite haben wir mit einem einfachen länglichen Rechteck gestartet, das wirklich hauptsächlich durch seinen Schatten lebt. Du kannst auch die Enden, wie rechts daneben zu sehen, wie ein gekipptes M zeichnen.

Mit ein bisschen Übung gelingen dir auch die opulentesten Banner. Schwierig ist am Anfang lediglich der richtige Kurvenschwung. Nicht entmutigen lassen.

Alles, was gefällt

Je nach Thema deiner Sketchnote kannst du natürlich auch Objekte zur Umrandung nehmen. Probier doch mal ein großes Blatt aus, eine Glühbirne, ein Kalenderblatt oder eine Sprechblase. Nur nie vergessen: Erst schreiben, dann zeichnen.

TEIL 2
SCHRIFT

Kapitel 5
Blockbuchstaben

Kapitel 6
Schreibschrift

Kapitel 7
Handlettering

Mein Schatz

TYPO

Hey

Sketchnotes sind eine Kombination aus Bild und Schrift. Dazu gehören also auch geschriebene Wörter, aber ein Wort kann sehr unterschiedlich aussehen, wenn es in unterschiedlichen Schriftarten geschrieben wird.

Sketchnote

Sketchnote

Sketchnote

Sketchnote

Sketchnote

SKETCHNOTE

Sketchnote

SKETCHNOTE

SKETCHNOTE

SKETCHNOTE

SKETCHNOTE

Sketchnote

Damit du ein Repertoire an Schriftarten hast, die du kombinieren kannst, zeige ich dir im Folgenden meine Lieblingsschriften für Sketchnotes.

Manche Schriften brauchen ein wenig mehr Zeit bzw. Übung und eignen sich daher nur für einzelne Wörter, andere sind schnell zu schreiben. Du wirst mit ein wenig Routine schnell herausfinden, welche Schrift für dich flott geht und welche Zeit braucht. Das ist individuell sehr unterschiedlich, daher helfen hier keine Pauschalempfehlungen, sondern nur Ausprobieren. Wichtig ist, dass du dir das Leben so einfach wie möglich machst.

Eine einzige Schriftart allein kann viele Varianten haben und damit bekommst du Abwechslung hin, ohne viel Mühe.

Vorab nur eine ganz kleine Exkursion in die sehr spannende Welt der Typografie, die ich sehr gerne bereise, die aber für den Start ins Sketchnoting keine große Rolle spielt. Ein paar Kleinigkeiten solltest du aber wissen.

Ich werde im Folgenden immer mal wieder von Querstrichen und Ober- und Unterlängen schreiben, Serifen werden zur Sprache kommen und eventuell auch mal eine Punze. Damit wir uns verstehen, habe ich hier mal ein kleines Schaubild erstellt.

Blockbuchstaben und Schreibschrift

Schaue ich mir meine normale Handschrift an, ist sie eine seit vielen Jahren entwickelte Mischung aus Blockbuchstaben und Schreibschrift mit einer kleinen Schwäche für die Großbuchstaben und ausgeprägte Unterlängen. Die Mischung aus Schreib- und Druckbuchstaben ist bei den meisten Menschen, die ich kenne, so ähnlich ausgeprägt. Ein paar Männer in meinem Freundeskreis schreiben pure Blockbuchstaben und einige meiner Brieffreunde, die ich über meine Vorliebe für Füller und Tinte kennengelernt habe, schreiben reine Schreibschrift.

Otto Normal mischt beides so zusammen, dass eine effektive Schrift dabei rauskommt, die ohne viel nachzudenken aus der Feder – vielmehr meistens wohl aus dem Kuli – kommt.

Ein voller Terminkalender ist noch lange kein erfülltes Leben.

KURT TUCHOLSKY

Im Folgenden möchte ich dich dazu bringen, dass du dich wieder mehr mit Schrift beschäftigst.

In einem Zeitalter, in dem selbst Termine oder To-do-Listen in Apps verwaltet werden und inzwischen auch der Einkaufszettel immer häufiger ein Opfer der Digitalen Transformation wird, haben wir das Schreiben mit der Hand ein wenig verlernt. Aber es ist wie Fahrrad fahren, mit ein wenig Übung bist du schnell wieder drin.

Bevor du startest

Zunächst einmal brauchst du Hilfslinien. Das mag dir jetzt sehr übertrieben vorkommen, aber mit Hilfslinien geht alles leichter. Du kannst einfach ein punktkariertes oder normal kariertes Papier nehmen und sie schnell am besten mit Bleistift einzeichnen oder du lädst die Vorlagen herunter, die du auf der Webseite vom Buch findest.

Hilfslinien umfassen am besten drei Striche. Einen für das obere Ende des Buchstabens, einen für das untere Ende, einen für den Querstrich.

Wenn du mit Groß- und Kleinschreibung arbeitest, brauchst du auch noch einen Strich für den oberen Rahmen der kleinen Buchstaben. Du kannst dir auch Hilfslinien für den Abstand zwischen den Buchstaben zeichnen. Das zeige ich dir später noch genauer. Dann sind alle Buchstaben gleich breit, bis auf das I, das ist schmaler, und W und M, die meistens etwas breiter sind.

Fangen wir mit der einfacheren Blockbuchstaben-Schrift an und ich zeige dir verschiedene Varianten.

Kapitel 5
Blockbuchstaben

ABCDEFGHIJK

LMNOPQRST

UVWXYZ?!

abcdefghijk

BLOCKBUCHSTABEN

Eine Schrift, fünf verschiedene Möglichkeiten

➪ Variante eins
Querstrich nach oben oder unten verschieben

Mit dieser kleinen Veränderung kannst du ganz schnell das Schriftbild ändern, auch wenn das Alphabet an sich gleich bleibt. Probier ein wenig aus, welches dir besser gefällt.

➪ Variante zwei
Buchstabenbreite variieren

Es sieht recht unterschiedlich aus, ob du die Buchstaben ganz schmal schreibst oder sehr weit in die Breite ziehst. Manchmal ist es auch cool, das passend zum geschriebenen Wort entsprechend zu nutzen.

Variante drei
Buchstabenabstand verändern

Du kannst die Buchstaben nah schreiben oder zwischen jedem Buchstaben eine Lücke lassen. Besonders bei einzelnen Wörtern hat das einen interessanten Effekt.

S e n s a t i o n

Sensation

Variante vier
Neigungswinkelexperimente

TEMPO

Kursiv ist etwas, das man bei Computerschrift natürlich auf dem Schirm hat, aber bei Handgeschriebenem gerne vergisst. Veränder einfach mal den Winkel und sieh, was passiert. Ich nutze diese kursive Variante gerne für Dinge, die Tempo haben oder sich bewegen.

Variante fünf
Verdopplung

Schreib den Buchstaben einfach zweimal, leicht versetzt. Ein einfacher Effekt, der eine sehr gute Wirkung hat.

Hier jetzt noch mal alle fünf Varianten als komplette Alphabete mit den oben erklärten Veränderungen.

ABCDEFGHIJKLMN

OPQRSTUVWXYZ?!&

123456789

ABCDEFGHIJKLMNO

PQRSTUVWXYZ&

123456789

ABCDEFGHIJ
KLMNOPQR
STUVWXYZ

ABCDEFGHIJKLMNOPQRSTUVWXYZ

Die Variante mit den Buchstabenabständen habe ich hier mal ausgeklammert, weil es ja keine andere Buchstabenform ist.

ABCDEFGH
IJKLMNOPQ
RSTUVWYZ

ABCDEFGHIJKLMN

OPQRSTUVWXYZ?!&

Mit diesen einfachen Variationen kannst du jetzt schon einiges machen. Kombinier doch mal die verschiedenen Schriftarten mit einem Symbol aus dem vorherigen Kapitel und mach eine kleine Wort-Bild-Kombination.

Aber Blockbuchstaben können auch noch ganz anders aussehen und ich zeige dir jetzt ein paar besondere Blockbuchstaben-Schriften.

Outline-Schrift

Mit einem einfachen Trick schaffst du es ganz leicht, eine Schrift zu schreiben, die nur aus den Umrisslinien besteht.

Das ist gar nicht so schwer und das machst du seit Schultagen sowieso schon? Super, aber es gibt ein paar Buchstaben, die nicht ohne sind. Ich meine vor allem das S. Das S ist eine trickreiche Angelegenheit und ich erinnere mich an mein innerliches Aufatmen, als bei einem Job mal ein Wort im Titel von Kunst in Kultur gewandelt wurde. Kein S mehr, war mein erster erleichterter Gedanke. So weit kann es kommen. Doch warum ist das S so kompliziert?

Du musst bei dem S sehr asymmetrisch anfangen, damit das Endergebnis symmetrisch wird, und wenn man das nicht übt, haftet man an seinen alten Gewohnheiten. Bei einigen anderen Buchstaben ist das auch noch ein wenig schwieriger.

Für den Anfang kann dir aber ein einfacher Tipp helfen.

Zeichne die Buchstaben mit Bleistift vor. Einfache Linie, so wie du normalerweise schreiben würdest. ABER lass etwas mehr Platz zwischen den Buchstaben, denn als Nächstes umzeichnest du jeden Buchstaben mit einem Fineliner oder Filzstift, Marker oder womit auch immer du dich entschieden hast zu zeichnen. Dann einfach den Bleistift wegradieren und fertig.

Ich nutze die Outline-Schrift nur in Großbuchstaben, weil die kleinen etwas komplizierter sind und ich meistens zu ungeduldig bin. Aber wenn du es ausprobieren willst, tu dir keinen Zwang an. Vielleicht ist das ja deine Schrift, mit der du am liebsten arbeiten wirst. Wie bei so vielem im Leben gehen hier nämlich die Geschmäcker und Vorlieben weit auseinander.

Auf der nächsten Seite habe ich mal alle Buchstaben des Alphabets in Groß und Klein aufgezeichnet. Probier einfach erst mal die Bleistift-Methode, um ein Gefühl für die Kurven und Linien zu bekommen. Wenn du mit der Zeit sicherer geworden bist, brauchst du diesen kleinen Umweg nicht mehr.

ABCDEFGHIJK
LMNOPQRST
UVWXYZ?!

abcdefghijkl
mnopqrstuvw
xyz123456789

Mit Blockbuchstaben offenbart sich dir eine riesige Welt von Möglichkeiten. Kleine Kostprobe gefällig? Dann schau dir mal die Beispiele an, die ich für dich gesammelt habe.

ABCDEFGHIJ

KLMNOPQRS

TUVWXYZ

AAAAA!

Diese Schrift mag ich sehr gerne, weil sie einfach ist, aber sehr variabel. Sie ist eigentlich auch nur eine Variante von der klassischen Druckschrift mit Ausnahme des S. Wieder mal dieser Buchstabe.

Das S ist wirklich Übungssache und mir gelingt von zehn Versionen meistens mindestens eins auch nicht. Verfassungsausschuss würde ich mit dieser Schriftart definitiv nicht schreiben, so viel steht mal fest.

Für die einzelnen Buchstaben gibt es zwei Möglichkeiten, sie zu schreiben. Variante A: du verdoppelst gleich zu Beginn die Startlinie bei allen Buchstaben, die eine gerade Linie haben. Ausnahmen wie C, G, O, Q und S sind etwas anders. Oder du schreibst ganz normal den Buchstaben und verdoppelst anschließend die linke äußere Linie. Ich persönlich fange mit der doppelten Linie an, dann haut es mit dem Platz zwischen den Buchstaben besser hin, aber wie so oft, probier aus, was für dich am besten passt.

Bei den runderen Buchstaben ist es ähnlich, nur dass ich da einfach innen eine Linie zufüge, die sich in der Krümmung an der Außenlinie orientiert.

Diese Verdopplungslinie ist ein einfacher, aber effektvoller Weg, Schrift interessanter zu gestalten. Ich nutze sie meistens für Überschriften oder für besondere Schlüsselbegriffe.

Jetzt zeige ich dir noch ein paar andere Blockbuchstaben-Schriften. Nicht alle gehen mal eben so von der Hand, aber mit Übung wirst du schnell besser und dann fluppt es nur so, wie man bei uns sagt.

Fangen wir an mit einer sehr massiven Schrift, die ich sehr mag, weil sie schön schlicht ist. Hier arbeite ich mit Lineal und Hilfslinien. Außer dem I, J, W und M haben alle Buchstaben ungefähr die gleiche Breite, und die gleiche Höhe haben sie sowieso. Hilfslinien helfen,dabei auch zu sehen, ob ein Wort mit einer bestimmten Buchstabenanzahl in den vorgesehenen Bereich passt.

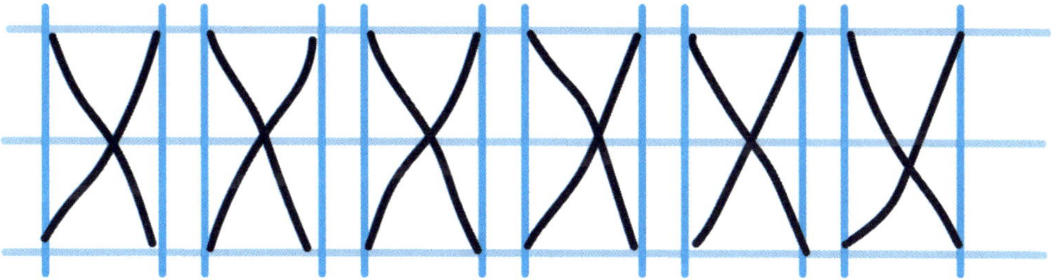

Die grauen Linien sind die Hilfslinien für die Höhe und den Querstrich. Die blauen sind die Begrenzungen der Buchstabenbreite und die schwarzen X stehen für den Buchstaben.

Wenn du die einzelnen Buchstabenbereiche noch ungefähr gleich breit hinbekommst, sieht es aus wie gedruckt.

Mit ein bisschen Übung geht das gut, braucht aber auch dann noch Zeit und ehrlich gestanden, ohne Hilfslinien wird das bei mir auch arg krumm.

ABCDEFGHIJKLM

NOPQRSTUVWXYZ

123456789 ?!

KREATIVITÄT

A A A A A A

Daneben gibt es aber noch unzählige andere Schriftarten.

Erwähnen möchte ich natürlich die große Welt der Graffiti-Schriften. Da gibt es viele Varianten, die toll aussehen, die ich aber nie so cool hinbekomme wie die Experten, obwohl man meinen würde, Papier und Stift sind leichter zu handhaben als Wand und Spraydose. Im Moment ist es sehr populär, bei Blockbuchstaben kleine Schnörkel anzusetzen. Mir gefällt das sehr gut und ich habe schon einiges an Geld für solche Schriftarten für den PC ausgegeben. Wenn andere Frauen aus Frust oder Lust Schuhe kaufen gehen, haue ich stattdessen mein Geld für Stifte, Schriftarten und Notizbücher auf den Kopf.

ABCDEFGHIJKL
MNOPQRSTUV
WXYZ abcdefghij
klmnopqrstuvw
xyz 123456789

Hier kommt noch eine Blockschrift mit Schnörkeln. Wie du siehst, reicht es aus, hier und da mal ein wenig mehr Schwung in die Buchstaben zu bringen, um der Schriftart ein völlig neues Aussehen zu geben. Probier es einfach mal mit ein, zwei Buchstaben pro Wort aus. Gerade die Start- und Endbuchstaben bieten sich dafür gut an.

ABCDEFGHIJK

LMNO/CP/PQRS

STUVWXYZ

123456789 ?!&

JUKEBOXHERO

Der Unterschied der eben gezeigten schnörkeligen zur massiven Blockschrift sind die Serifen und die Tatsache, dass die einzelnen Buchstabenelemente nicht gleich breit sind. Was ich daran gut finde, ist der Versuch, bei manchen Buchstabenkombinationen eine Verknüpfung herzustellen.

Du kannst aber auch in die etwas comicartigere Richtung gehen.

Bei dieser Schrift sieht es auch super aus, wenn du die Buchstaben ein wenig überlappend zeichnest.

Auch wenn ich dir jetzt viele Beispiele für Blockbuchstaben gezeigt habe, wäre es sehr gut, wenn du dich nicht gleich festlegst und der folgenden Schreibschrift eine Chance gibst.

Schriftarten sind Strukturhilfen. Blockbuchstaben verhelfen dir bereits zu einigen sehr unterschiedlichen Schriftarten, aber wenn du ab und zu mit einer Schreibschrift arbeitest, kann das wirklich noch mal neue und sehr ansprechende Akzente setzen.

Nimm dir auch Zeit für die Überschrift oder den Titel. Meistens kann man diesen Teil der Sketchnote selbst bei Live-Vorträgen schon in Ruhe vorab zu Papier bringen. Damit sieht das Blatt schon gut aus und das gibt dir Selbstvertrauen und das ist die halbe Miete. Du bekommst positiven Schwung für die weitere Zeichnung. Beispiele, wo genau die Überschrift am besten hin soll, bekommst du ausführlich, wenn wir später zur Anatomie der Sketchnote kommen und auch hier ist der Rest Üben und Ausprobieren.

Kapitel 6
Schreibschrift

tosen

Freidenker

fuchsteufelswild

Auf & ab

SCHREIBSCHRIFT

Als ich in der Grundschule war, gab es, Gott sei Dank, das Fach Schönschreiben nicht mehr. Wenn ich mir heute ansehe, wie ich damals geschrieben habe, hätte meine Lehrerin wahrscheinlich einen hysterischen Lachanfall bekommen, wenn ich ihr gesagt hätte, dass ich mal für Handletterings bezahlt werde. Aber ich habe immer schon gerne geschrieben. Meine Handschrift ist daher inzwischen natürlich geübt, aber nicht unbedingt gut lesbar. Sie ist keine pure Schreibschrift und schon gar nicht erinnert sie an das, was ich seinerzeit in der Schule gelernt habe. Hier mal ein kleines Beispiel.

Geniale Menschen
sind selten
ordentlich.
Ordentliche selten
genial.
Albert Einstein

Wenn du dich das erste Mal nach vielen Jahren wieder mit klassischer Schreibschrift beschäftigst, musst du dich mehr konzentrieren, als du vielleicht denkst. In meinen Workshops sage ich immer, dass es gut möglich ist, dass man sich verschreibt, weil man sich so sehr darauf konzentriert, einen Buchstaben zu zeichnen. Da ernte ich meistens verständnislose Blicke, denn immerhin geht es zunächst nur darum, den eigenen Vornamen zu schreiben. Das ändert sich dann schnell, wenn auf einmal Herrrmann, Susane und Gabiele vor mir sitzen und sich wundern, woher die Buchstaben kommen, die zu viel sind, bzw. wohin die entschwunden sind, die fehlen. Das passiert vielen und ist vergleichbar mit dem Phänomen, das viele Menschen erleben, wenn sie an einer Tafel oder einem Flipchart schreiben.

Abhilfe schafft da nur Übung. Habe ich übrigens schon erwähnt, dass Übung das A und O ist? Wenn nein, ÜBUNG IST DAS A UND O, wenn ja, schadet nicht, wenn man es wiederholt. Bei der Schreibschrift fangen wir am besten wieder da an, wo man auch in der Schule anfängt, beim einfachen ABC.

Ich habe dir hier unterschiedliche Groß- und Kleinbuchstaben in Schreibschrift vorgezeichnet. Kombinier nach Lust und Laune.

B B B B B B

B B B B B B

B B B B B B

b b b b b b b b

b b b b

Balsabaum

C C C C C
C C C C C
C C C C C
C C C C C C
C C C

Chance
Charakter

D D D D D

D D D D D

D D D D D

d d d d d d d d

d d d d

Denkpause

Dynamik

donnerlittchen

E E E E

E E E E

E E E E

e e e e

e e e e

e e e e

Euphorie

Eiland

eloquent

F F F F

F F F F

F F F F

f f f f f f f f

f f f f

Freidenker

Freudentaumel

fuchsteufelswild

G G G G G

G G G G G

G G G G G

g g g g g g g g

g g g g

gedankenverloren

H H H H H H

H H H H H H

H H H H H H

h h h h h

h h h h h

h h h h h

hundemüde

J J J J
J J J J
J J J J
i i j j
i i j j
i i j j

Instrumentalist

K K K K K

K K K K K

K K K K K

k k k k k k k k

k k k k

Kalkül

klammergeheftet

L L L L L

L L L L L

L L L L L

l l l l l l l l l l l l

Labyrinth

Libelle

lustwandeln

Morpheus

Mumpitz

N N N N N N
N N N N N N
N N N N N N

n n n n
n n n n
n n n n

Nordlicht
Nebelmeer

O O O O O O

O O O

o o o o o o

o o o

Ozean

Orient &

Okzident

S S S S

S S S S

S S S S

S S S S S S

S S S

Silberstreif

Sammelsurium

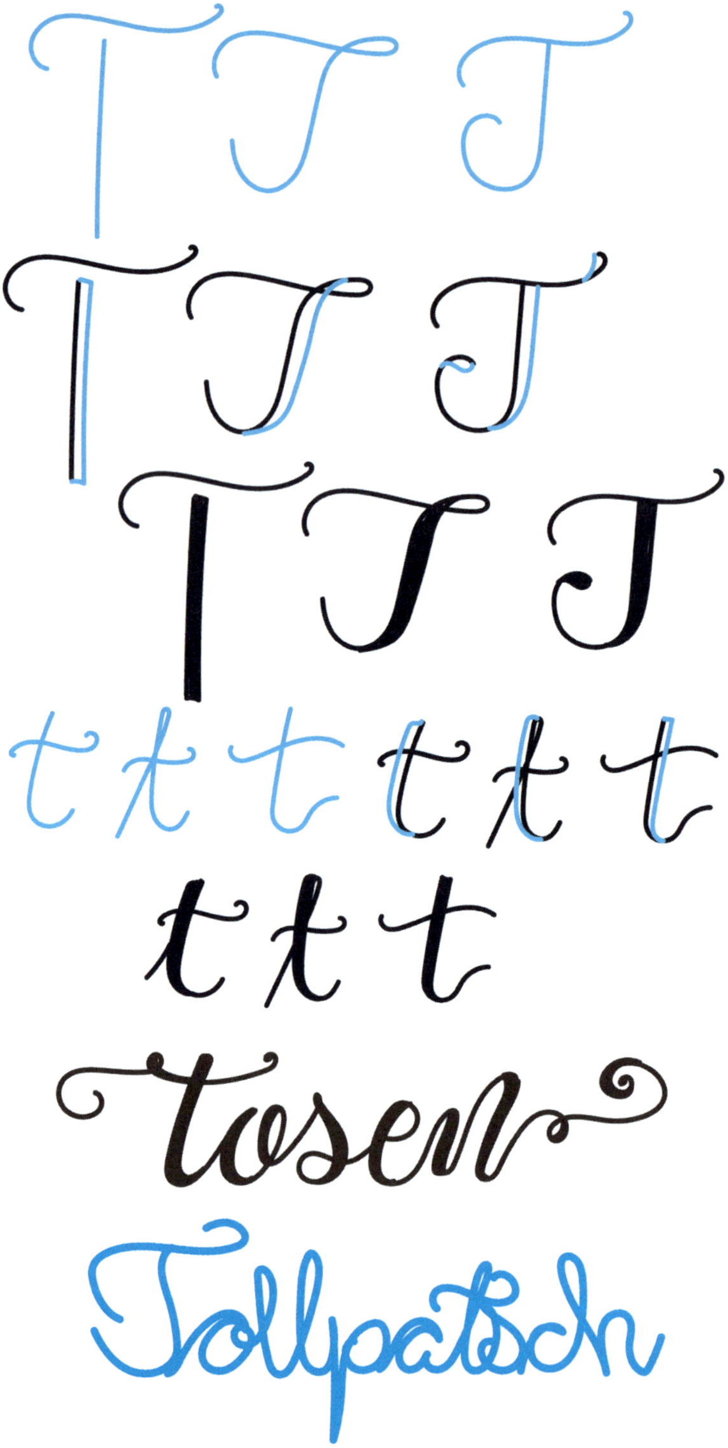

T T T

T T T

T T T

t t t t t t

t t t

tosen

Tollpatsch

u u u
u u u
u u u
u u u u u
u u

Unsinn
unwiderstehlich
Überschwang

Vanille

Vollmond

W W W W

W W W W

W W W W

w w w

w w w

w w w

Wohlklang

Wahnwitz

Zukunft

Sicherlich ist dir aufgefallen, dass ich bei allen Buchstaben drei Varianten aufgezeichnet habe. Ich möchte dir unbedingt noch etwas zeigen, was ich von verschiedenen amerikanischen Blogs vor vielen Jahren gelernt habe und seitdem immer wieder anwende. Es nennt sich falsche Kalligraphie. Normalerweise erreichst du diesen Effekt nur, wenn du eine Bandzugfeder verwendest. Mit diesem kleinen Trick kannst du mit jedem beliebigen Stift kalligraphische Schrift schreiben.

Dabei musst du nur einen Tipp berücksichtigen: Wann immer du beim Buchstabenschreiben den Strich nach oben ziehst, bleibt er einfach, beim Hinabziehen verdoppelst du die Linie. Dabei kannst du dich ein wenig an der Form des Buchstabens orientieren.

Anschließend musst du nur noch die Zwischenräume mit Farbe füllen und schon hast du einen coolen Effekt kreiert.

Alle Varianten und kleinen, aber feinen Änderungen kannst du später üben, wenn du einigermaßen sicher mit den Standard-Buchstaben geworden bist.

Probiere dazu unbedingt alle Schriftarten aus diesem Buch aus und finde heraus, welche für dich am besten hinhaut. Manche werden überrascht sein, dass es wieder die klassische Schulschrift ist, bei anderen fällt die Wahl auf die Outline-Schrift oder ganz was anderes. Ausprobieren ist wichtig, denn du willst ja am Ende schnell und stressfrei Schriften verwenden können. Und die Fähigkeit, zwischen zwei oder mehr Schriftarten wechseln zu können, wird deine Sketchnote sehr beleben und verschönern.

1–5 Minuten

Schreib jeden Tag ein Wort

Das kann das Wort des Tages für dich sein. Hast du Erdbeerkuchen gegessen? Schreib »Erdbeerkuchen«. Warst du im Kino? Nimm Kinoabend oder den Namen des Films. Extremes Wetter? Schreib Tornado, Eisblume oder Saharasand oder mach es wie ich und sammel Wörter. Ich habe eine lange Liste mit Wörtern, die ich spannend, vom Aussterben bedroht, lustig oder einfach schön finde, und schreibe fast jeden Tag eins davon.

Einige hast du unter der Schreibschrift lesen können, hier noch ein paar mehr:

Fingerspitzengefühl, exorbitant, allumfassend, Gänsefüßchen, Abenteuerlust, frühlingsfrisch, Humbug, Mätzchen, Leuchtfeuer, Schnickschnack, Kleinod, Futsch, Firlefanz, Purzelbaum, Freudentaumel, Einmaleins, Fracksausen, Augenstern, Knalltüte.

15 Minuten

Wortkombination

Versuch, mehrere Worte zu schreiben, und als Steigerung, verschiedene Schriftarten zu kombinieren. Was ihr schreiben könnt? Buchtitel, erste Sätze aus Büchern, Zitate, Aphorismen oder Liedertexte.

Weniger
IST
mehr

30 Minuten und mehr

Gestalte deine Lieblingstasse

Stadt, Land, Fluss

Ich liebe solche Spiele und daher habe ich irgendwann mal angefangen, Stadt, Land, Fluss mit Schriftarten zu kombinieren. Das funktioniert dann nicht auf Zeit und im Wettbewerb, aber ist eine schöne Übung.

Solingen Schweden
Seine SALAMANDER
storchenschnabel
Soul SHERLOCK

Kapitel 7
Handlettering
Schriften schön kombinieren

Weniger
IST
mehr

HANDLETTERING

Seit einigen Jahren betreibe ich Handlettering. Es gibt für mich wenig Entspannenderes, als mich durch meine umfangreiche Zitate- und Wörtersammlung zu wühlen und etwas zu finden, was zu meiner aktuellen Stimmung oder einem gegebenen Anlass passt.

Es ist ein super Training für mehr Sicherheit im Schriftenzeichnen. Als kleinen Exkurs gibt es hier nun eine kleine Einführung ins Handlettering für dich, denn ich finde, das ergänzt Sketchnotes super.

WAS WILL ICH ZU PAPIER BRINGEN?

Such dir ein schönes Zitat, dein Motto oder einen Sinnspruch aus, der dir gefällt. Er sollte nicht zu lang sein. Drei bis sieben Wörter sind für den Anfang perfekt. Mein Beispiel ist ein wenig länger, aber ich habe vielleicht auch etwas mehr Übung:

Handlettering ist wie Kalligraphie, nur mit mehr Möglichkeiten und weniger Perfektionismus. Das soll es werden.

ZITAT ANALYSIEREN

Als Erstes lege ich fest, welche Wörter mir besonders wichtig sind, welche ich also durch Größe oder Schriftart hervorheben will:

Handlettering, Kalligraphie, Möglichkeiten und Perfektionismus sind die wesentlichen Bestandteile für mich.

ENTWURF/KOMPOSITION

Nun mache ich einen Entwurf mit Bleistift. Meine Unfähigkeit, rechte Winkel zu berücksichtigen oder auch nur ansatzweise gerade zu schreiben, kommt mir, anders als im Geometrieunterricht in der Schule, hier nicht in die Quere. Gerne wird es bei mir daher organischer in der Form oder ein wenig gewellt.

Der Entwurf beinhaltet sowohl die Form des Zitats als auch die Proportionen der einzelnen Wörter. Rechts siehst du, wie sowas aussieht. Ich habe die Blöcke gezeichnet, in die die Worte dann passen sollen, und die Ausrichtung. Handlettering soll im Bogen oben drüber stehen und die drei anderen wichtigen Wörter größer und schön verteilt.

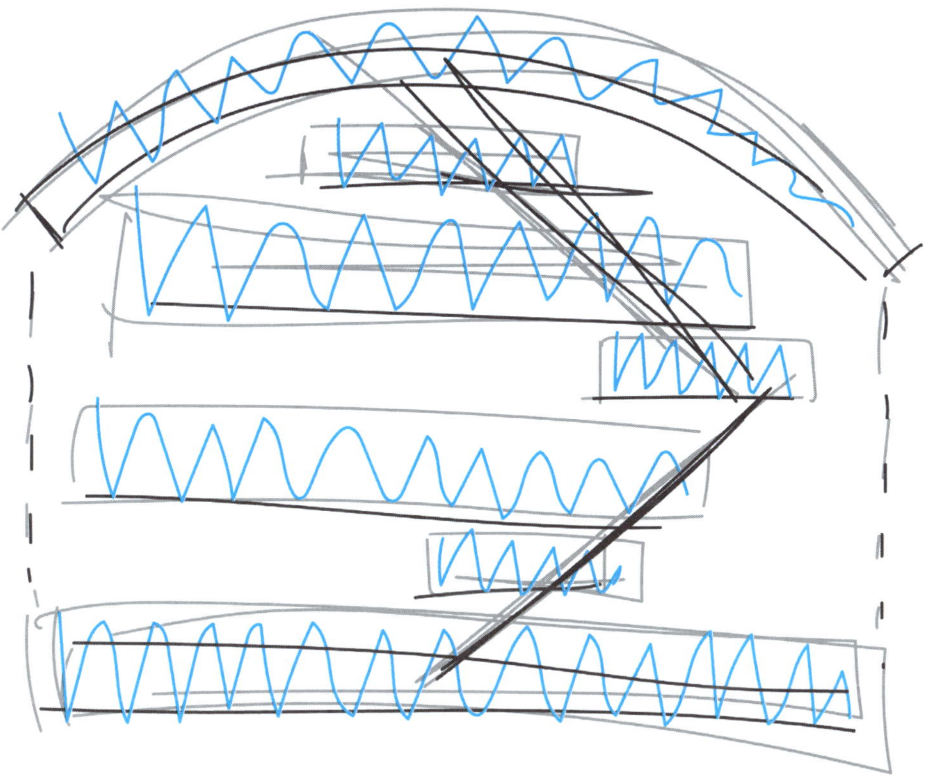

SCHRIFTARTEN FESTLEGEN

Danach überlege ich mir die Schriftarten der einzelnen Elemente. Manchmal wähle ich bewusst passende Schriften und manchmal versuche ich es mit Kombinationen, die auf den ersten Blick nicht zu passen scheinen: technische Inhalte in einer geschwungenen Schnörkelhandschrift zum Beispiel.

VORSKIZZE

Der nächste Schritt ist eine Bleistift-Skizze, in der jedes Wort schon in der vorgesehenen Schriftart vorgezeichnet ist, sodass du so alle Größenverhältnisse ausprobieren kannst. Haut das mit der Wortlänge hin, ist alles ausgewogen, sind die Zeilenabstände stimmig, sieht das Gesamtbild gut aus?

All diese Punkte kann man jetzt noch mal korrigieren.

FINALISIERUNG

Dann einfach mit einem Fineliner über den Entwurf zeichnen und anschließend den Bleistift wegradieren. Wer mag, kann es auch einfach abzeichnen, aber ich finde die Variante, die Skizze zu übermalen, einfacher.

Anschließend füllst du die Schriftelemente, die massiver sein sollen oder eine bestimmte Füllung haben sollen, und ergänzt dann noch bei Bedarf ein paar bildliche Elemente.

HANDLETTERING IST WIE Kalligraphie NUR MIT MEHR Möglichkeiten UND WENIGER Perfektionismus

Gerne werden Blumenornamente, Schnörkel oder andere abstrakte Zeichen genommen, wenn es aber konkrete Begriffe gibt, kann man auch die gut dazupacken. Wer mag, noch einen Rahmen drumherum, und fertig ist dein kleines Kunstwerk.

Hier noch ein paar typische Handlettering-Ornamente:

Ohne Übung wird es nichts

Meine ersten Handletterings sahen scheußlich aus. Ich hatte noch kein richtiges Gefühl für Komposition, wie viel Platz die einzelnen Wörter brauchen und wie man Schriftarten gut miteinander kombiniert. Nicht, dass ich jetzt eine Meisterin wäre, da gibt es ganz andere, besonders Amerikaner, die wahre Götter des Handletterings sind und Wände in Cafés oder Büroräumen verschönern und Karten gestalten, dass mir die Luft weg bleibt, so großartig sind die. Einige Links findest du auf meiner Webseite.

Such dir Vorlagen

Ich habe ein kleines Notizbuch, in das ich Kompositionsideen für Handlettering zeichne. Wenn ich irgendwo ein tolles Lettering sehe, kopiere ich den Aufbau, indem ich einfach sowas mache wie auf der vorherigen Seite zu sehen.

Ich notiere mir, welche Schriftart ich nehmen soll und wie die einzelnen Buchstaben miteinander in Verbindung stehen. Da steht dann sowas wie Schreibschrift, Blockschrift, Serifen, Große Punzen, Mittig über Schnörkelschrift und ähnliches. Das Büchlein blätter ich immer mal wieder durch und dabei bekomme ich die Idee, wie ich mein Zitat setzen will. Funktioniert immer, aber nicht immer ist die erste Idee die beste. Manche Zitate, die mir besonders gut gefallen, habe ich mehr als einmal und jedes Mal unterschiedlich gezeichnet.

Klick dich durchs Netz

Wie so oft ist das Internet eine riesige Fundgrube an Beispielen und Ideen, wie ein Handlettering aussehen kann.

Probier doch mal eine Glückwunschkarte zum Starten:

TEIL 3
FEINSCHLIFF

Kapitel 8
Schatten & Farbe

Kapitel 9
Aufbau einer Sketchnote

Kapitel 8

Schatten & Farbe

A

Geduldsfaden

VERWUNSCHEN

SCHATTEN

Wie bei den Materialien bereits erwähnt, ist der zweitwichtigste Stift ein hellgrauer. Schatten sind einfach zu zeichnen, haben aber eine gigantische Wirkung. Ich werde nie meinen ersten Sketchnote-Workshop für völlig unerfahrene Teilnehmende vergessen, wo ich am Flipchart die Wirkung von Schatten gezeigt habe und anschließend alle den grauen Stift ehrfurchtsvoll in Händen hielten und völlig verzückt eigene Schatten zeichneten. Auf einmal fanden sie ihre Machwerke richtig gut, die sie vorher noch lautstark als nicht würdig bekrittelt haben.

Also unterschätze nie die Wirkung von Schatten!

Ich will dich jetzt nicht mit Wörtern wie Eigenschatten, Kernschatten, Schlagschatten und so weiter nerven oder gar mit lahmen 50-Shades-Wortspielen, aber drei Arten von Schatten sind für Sketchnotes interessant.

Einseitige Schattenspiele

Schatten durch eine Lichtquelle, die sich rechts oder links ober- oder unterhalb des Objekts befindet. Ich bevorzuge links oben, aber das ist Geschmackssache.

Der gelbe Punkt

Am Anfang ist es besonders bei Schrift schwierig, den Überblick zu behalten, welche Richtung der Schatten haben muss. Als kleine

Hilfestellung empfehle ich immer, einen kleinen gelben Punkt in eine Ecke zu legen, der dann die Lichtquelle darstellt.

Es kann natürlich auch einfach ein Radiergummi oder ein zusammengeknülltes Stückchen Papier sein oder sonst ein Gegenstand, den du dabeihast. Der gelbe Punkt ist nur besonders anschaulich. In unserem Fall ist der Punkt nun blau.

Levitation gefällig?

Wenn du einen netten 3D-Effekt auf einem 2D-Medium erzielen willst, ist ein Schatten gut, der um das ganze Objekt herumgeht. So hat man das Gefühl, es hebt vom Blatt ab.

Standhaftigkeit in Grau

Du kannst einem Gegenstand oder einem Buchstaben dazu verhelfen, aufrecht auf dem Papier zu stehen, wenn du unter das Objekt ein wenig Grau waberst.

Schatten in Schwarz

Besonders bei Schrift kann auch ein schwarzer Schatten eine spannende Wirkung haben. Die Regeln sind dieselben wie bei einem grauen Schatten, die Wirkung ist dann aber natürlich wesentlich massiver.

Nur Schatten

Mit ein bisschen Übung gelingt ein spannender Effekt. Dazu zeichnest du zunächst mit Bleistift die Umrisslinien der Outline-Schrift. Danach fügst du mit einem Fineliner die Schatten hinzu. Radier den Bleistift weg und übrig bleiben nur die Schatten. Das sorgt für einen ziemlichen Aha-Effekt. Mit viel Übung kannst du die Schatten auch sofort zeichnen, ohne die Buchstaben vorzuzeichnen.

VERWUNSCHEN

Schatten bei Schreibschrift

Bei Schreibschrift wechsel ich zwischen zwei verschiedenen Arten von Schatten. Einmal gibt es den durchgehenden Schatten, der aussieht, als ob du das Wort ein zweites Mal geschrieben hast und etwas verschoben hinter das erste gelegt hast.

Geduldsfaden

Die zweite Variante ist etwas weiter weg vom Wort und unterbrochener. Ich mag diese Version besonders gerne, wenn ich mit zwei Farben arbeite, aber dazu auf den nächsten Seiten mehr, wenn es um eben diese geht .

Mische die verschiedenen Schattenarten am besten nicht. Das wirkt nur dann gut, wenn deine Sketchnote wirklich abgeschlossene Bereiche hat, die nicht miteinander korrespondieren. Sonst verwirrt der Schatten mehr als er hilft. Konsequenz ist hier wichtig.

Zeichne ein Blatt voller kleiner Icons und Buchstaben, und zwar mehrere gleiche. Probiere dann die verschiedenen Schatten aus und guck einfach mal, welches dir am besten gefällt.

FARBE

Schon als Kind habe ich diese günstigen Filzstiftpackungen geliebt, die besonders vor Schuljahresbeginn immer in den Einkaufswagen wanderten. Ich hatte einen irren Verschleiß an Stiften. Das hat sich bis heute nicht geändert. Meine Stiftesammlung ist ziemlich groß und wächst stetig. Der Markt erweitert sein Sortiment gerade exponentiell, was auch an dem immer noch zunehmenden Trend von Zentangle, Ausmalbüchern und Handlettering liegt. Gut so. Bei dieser Bandbreite gibt es nur eins: ausprobieren.

In meinen Workshops habe ich immer alle möglichen Stifte dabei, weil ich ja weiß, wie unterschiedlich die Vorlieben sind. Es gibt sehr gute Brush-Stifte, die sich nicht zum Schreiben eignen, finde ich, aber, weil sie schön weich sind, super zum Kolorieren funktionieren. Andere sind super zum Schreiben aber nicht wirklich angenehm, wenn es darum geht, Objekten oder Buchstaben Farbe zu verpassen. Einige Teilnehmende schwören auf Filzstifte andere auf Aquarellstifte.

Am Anfang habe ich mit Buntstiften koloriert, bin dann zu besseren Filzstiften übergegangen und verwende inzwischen nur noch alkoholbasierte Marker. Das war ein Prozess, der auch mit der stetigen Entwicklung der Farbe in meinen Sketchnotes einherging. Zunächst war die Hauptaufgabe der Farbe, etwas zu markieren und hervorzuheben, inzwischen ist sie einer der wichtigsten Bestandteile zum Clustern und für die Wirkung.

Tipps kann ich hier nicht geben. Das ist Geschmackssache und hängt auch damit zusammen, welche Farben man nutzen möchte. Bei mir ist die Anzahl der Farben wichtig und die Palette (gibt es nur Primärfarben, dunkle Farben oder auch helle?). Für mich sind die Marker das beste, allerdings haben die auch einen stattlichen Preis. Für den Anfang reichen Buntstifte oder Filzstifte auf jeden Fall auch, und wenn du sicherer bist, kannst du auch in ein paar Copic-Marker investieren. Gerade am Anfang sind wenige Farben völlig ausreichend. Mit drei Farben neben Hellgrau kommst du schon ganz schön weit. Ich empfehle immer ein warmes Gelb und ein schönes helleres Blau oder Grün und einen Stift in Orange oder Rot.

Wichtig ist bei den alkoholbasierten Markern, dass du

- dickeres Papier unterlegst, denn die Farben schlagen extrem durch und
- die Farbe etwas mehr übereinander verschwurbelst. So bekommst du eine perfekte Fläche ohne Ansatz. Anleitungen dazu findest du auch im Internet.

PASTELL vs. SATTE FARBEN

Nur kurz noch ein Hinweis aus der Praxis. Wie bei so vielen Dingen im Leben orientiert man sich nicht selten an den eigenen Vorlieben. Mir ging das anfangs vor allem mit Farben so. Ich mag manche Töne nicht so sehr und stand dann etwas doof da, als ich für ein Graphic Recording mal ein helles Rosa brauchte (für einen schönen Klischee-Ballettschuh) und keins hatte, weil Rosa nicht so mein Liebling war. Pastelltöne waren generell nicht so meins. Das hat sich grundlegend geändert. Inzwischen sind beide Farbvarianten ausreichend in meinem Stiftesortiment vertreten.

Pastell eignet sich sehr gut, um Dinge zu unterlegen, Schrift hervorzuheben oder Flächen zu füllen, die mit Zeichnungen oder Schrift gefüllt sind (z.B. Sprechblasen).

Satte kräftige Farben eignen sich sehr gut, um Objekte oder Buchstaben auszufüllen, und auch für Rahmen.

FARBPALETTE

Such dir im Vorfeld eine gewisse Anzahl von Farben für eine Sketchnote zusammen. Das kann mit dem Thema zusammenhängen oder auch mit persönlichen Vorlieben. Versuche, dass es nicht so viele sind und sie gut zusammenpassen, dabei kann es sowohl harmonisch als auch wild zugehen. Wenn du keine Idee hast, such im Internet nach dem Begriff Farbpalette und du findest Tausende von Kombinationen. Hier sind die Designmarker von Vorteil, weil man sie in über 300 Farbschattierungen bekommt. Manche Buntstiftsorten gibt es in über 100 Farben und einige Filzstifte immerhin in mehr als 50 Farben.

ZWEI SCHREIBFARBEN

Manchmal arbeite ich nur mit einer zweiten Farbe außer Schwarz. Überschriften oder Schlüsselworte schreibe ich dann gleich in dieser Farbe oder schraffiere Objekte damit. Meistens sind das dann farbige Fineliner oder Gelstifte. Das sieht cool aus und hilft schon mal, mehr Übersichtlichkeit zu schaffen.

Da das Konzept der Buchreihe nur eine Farbe vorsieht, habe ich das Thema hier eher kurz gefasst, dafür findest du aber viele Beispiele auf der Webseite zum Buch.

Kapitel 9
Aufbau einer Sketchnote

DIE ANATOMIE DER SKETCHNOTE

So, nun hast du alles gelernt, was du brauchst, um mit deiner ersten Sketchnote zu starten. Du weißt um Visualisierungen und kannst auch einfach zeichnen. Du bist wissend im Bereich der verschiedenen Schriftarten und du kennst dich mit Schatten aus. Ein bisschen Farbe noch und fertig ist der Werkzeugkasten des erfolgreichen Sketchnoters. Und jetzt?

Wo fange ich an?

Das weiße oder gepunktete Blatt liegt vor dir, dein Stift ist gezückt und du weißt auch schon, was zu Papier gebracht werden soll? Sehr gut. Jetzt ist nur die Frage, wohin man den ersten Strich setzt.

Der Titel/Die Überschrift

Anfangen kann man tatsächlich immer mit dem Naheliegendsten: dem Titel. Da steht dann also Urlaubsplanung, Prozessbeschreibung, Antragsverfahren, Produktentwicklung, Notizen über eine Weiterbildung, Buchzusammenfassung oder was auch immer der Inhalt der Sketchnote wird.

Bei Live-Vorträgen solltest du noch den Namen der vortragenden Person, den Ort und das Datum ergänzen. Das kann man in der Regel auch sehr gut vorbereiten.

Die Tipps, die ich dir jetzt mit auf den Weg geben will, sind meiner inzwischen etliche Jahre umfassenden Erfahrung aus der Praxis geschuldet. Sie sind sehr subjektiv und wahrscheinlich hat da jeder Sketchnoter so seine eigenen Vorgehensweisen und Ideen. Ich habe drei verschiedene Arten des Aufbaus, die ich hauptsächlich benutze.

TITEL IN DER MITTE

Diese Variante nehme ich gerne, wenn es darum geht, etwas zu sammeln, oder es einen Vortrag gibt, bei dem ich keine Ahnung habe, was mich erwartet.

Alles, was du hierzu rings um den Titel notierst, ist durch diese Methode gleichberechtigt, weil es keinen konkreten Start- und Endpunkt gibt.

Hin und wieder wird erst hinterher oder bei der Zusammenfassung am Schluss vom Vortrag deutlich, dass doch drei Punkte die Wesentlichen waren. Dann kann man diese auch nachträglich gut mit Farbe und/oder mit Rahmen hervorheben. Ach ja: Banner machen sich übrigens bei Titeln immer gut.

CHRONOLOGISCHER AUFBAU

Diese Variante ist sehr gut, wenn es einen klaren Startpunkt gibt und etwas z.B. chronologisch erzählt wird oder es um einen Prozess geht. Du fängst beispielsweise oben links an und wanderst von dort aus weiter.

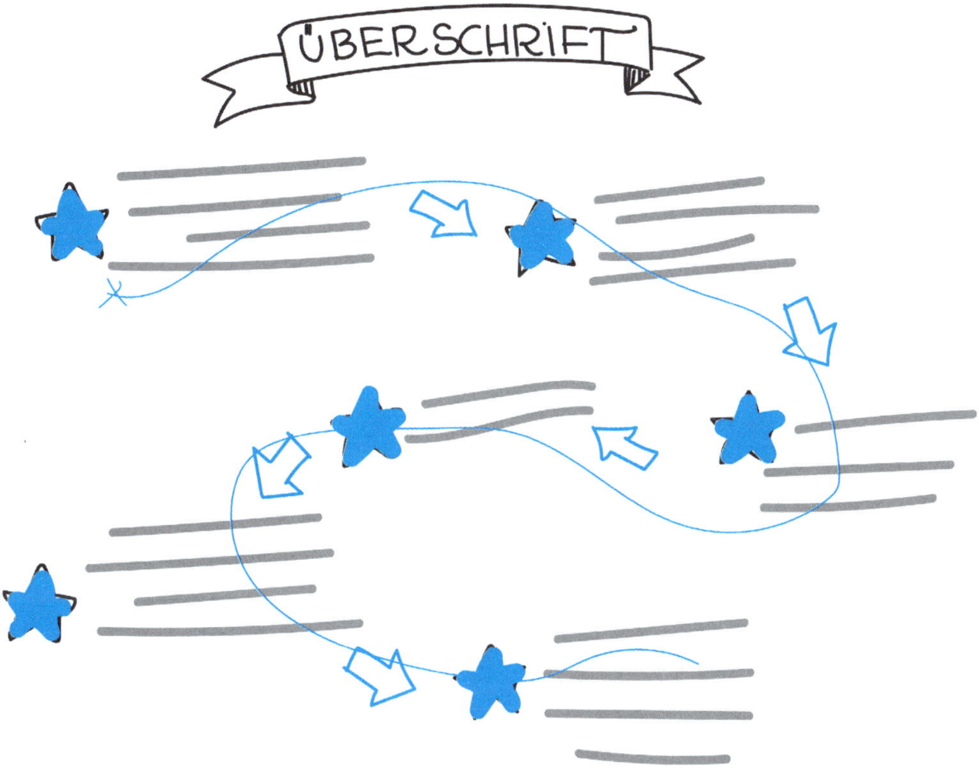

Überlege dir gut zu erkennende Gliederungspunkte, die jeweils den Start eines neuen Themas zeigen. Du kannst hier auch für die Übersichtlichkeit gut mit Pfeilen arbeiten, die den Verlauf noch mal unterstützen.

AUFBAU IN SPALTEN

Manchmal hat man mehr als einen Redner oder mehr als ein Hauptthema und dann muss man sich überlegen, ob man die einzelnen Personen bzw. Themen auseinanderhalten muss. Dann kann man sehr gut in Spalten arbeiten. Das bietet sich auch an, wenn es zum Beispiel um den Vergleich von mehreren Methoden, Theorien, Produkten oder Ähnlichem geht.

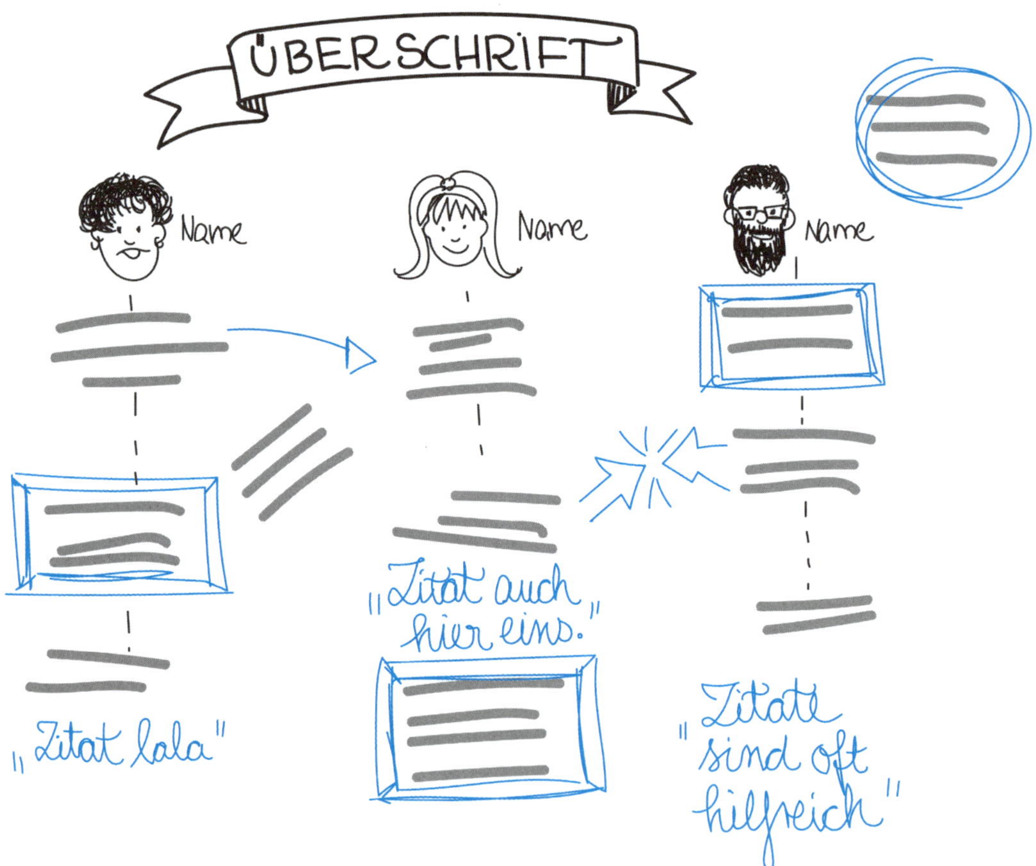

Überlege dir für ein Buch, das du gerade gelesen hast, einen Film, den du gesehen hast, oder einen Vortrag aus dem Internet, wo du den Titel hinpacken würdest.

So kommst du auf den Punkt.

Eine meiner Lieblingsübungen ist, ein Buch auf eine Seite zu bekommen. Also eine Zusammenfassung, die kurz und knapp alles Wesentliche parat hält, sodass ich mich auch nach längerer Zeit wieder an den Inhalt des Buches erinnern kann. Für einen Vortrag über Dantes »Göttliche Komödie«, habe ich nach einer Seite aufgegeben, mich durchs Versmaß zu arbeiten, und bin auf eine Graphic Novel und Sekundarliteratur umgestiegen. Am Ende habe ich 11.000 Verse auf eine Seite gezeichnet und eine Sketchnote draus gemacht. Das hätte vor einem Uni-Prof sicherlich keinen Bestand, aber für mich reicht es aus, größere Erinnerungsstücke wieder nach vorne zu holen, und genau das ist eine der Aufgaben einer Sketchnote.

Das heißt aber auch, Sketchnotes erfordern MUT. Damit meine ich gar nicht, dass man sich trauen muss, etwas zu zeichnen, das ist ja inzwischen kein Problem mehr für dich, aber du musst dich trauen, Gesagtes wegzulassen. Du als Sketchnoter entscheidest, was wichtig genug ist, aufs Papier gelassen zu werden, und was nicht. Dieses Aussieben ist besonders am Anfang nicht so leicht. Mit zunehmender Erfahrung wird es einfacher.

Auf der nächsten Seite findest du als Beispiel eine Sketchnote für Dantes »Göttliche Komödie«.

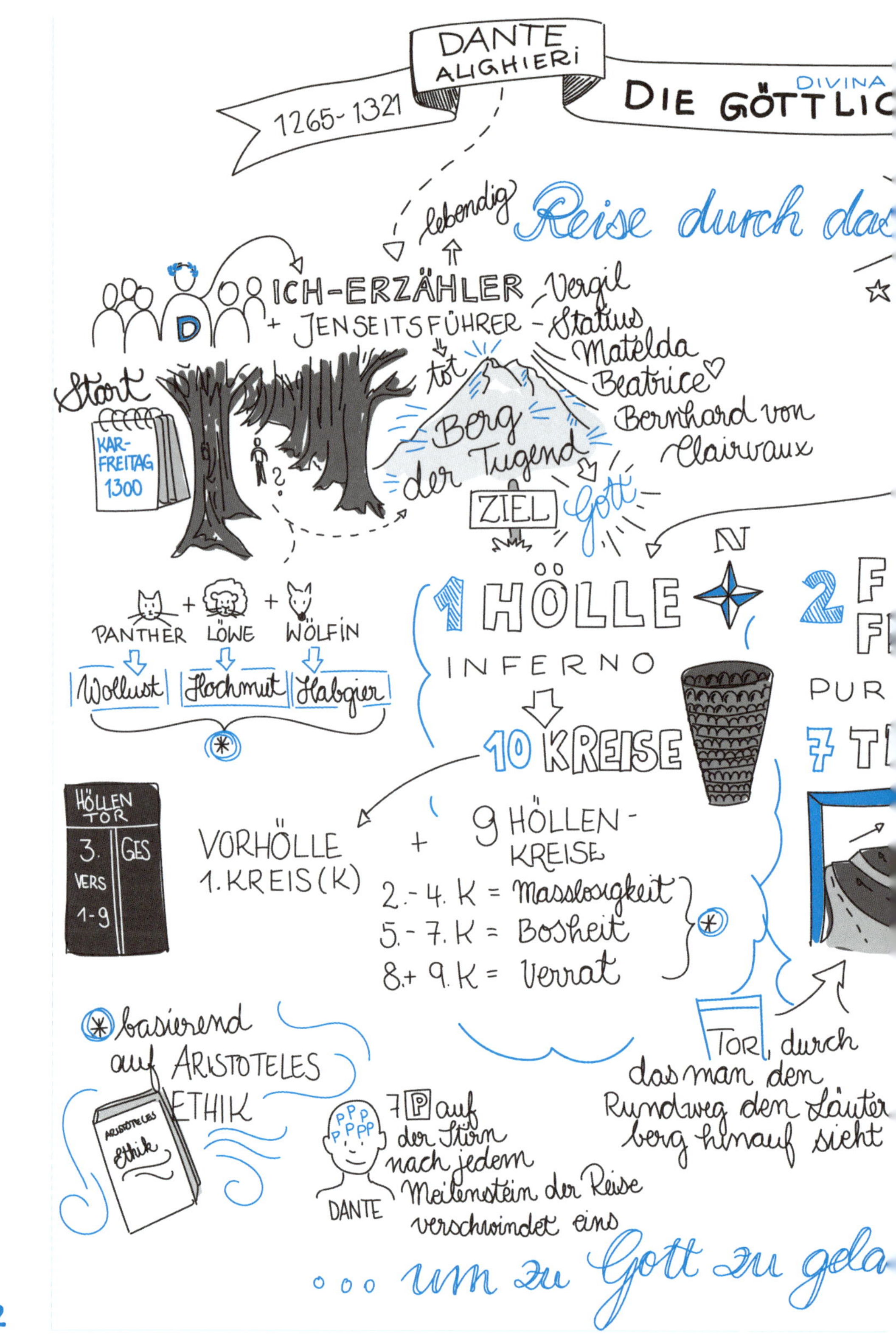

DANTE ALIGHIERI
1265-1321
DIVINA
DIE GÖTTLIC
lebendig
Reise durch das
ICH-ERZÄHLER
+ JENSEITSFÜHRER
Vergil
Statius
Matelda
Beatrice
Bernhard von Clairvaux
tot
D
Start
KAR-FREITAG 1300
Berg der Tugend
ZIEL
Gott
N
PANTHER
LÖWE
WÖLFIN
Wollust
Hochmut
Habgier
1 HÖLLE
INFERNO
10 KREISE
2 F
PUR
7 T
HÖLLEN TOR
3. GES
VERS 1-9
VORHÖLLE
1. KREIS (K)
+
9 HÖLLEN-KREISE
2.-4. K = Masslosigkeit
5.-7. K = Bosheit
8.+ 9. K = Verrat
basierend auf ARISTOTELES ETHIK
ARISTOTELES Ethik
7 P auf der Stirn nach jedem Meilenstein der Reise verschwindet eins
DANTE
TOR, durch das man den Rundweg den Läuter berg hinauf sieht
... um zu Gott zu gela

EDIA
KOMÖDIE
1301 - 1321
seits
geteilt
BEREICHE
3 BÜCHER CANTICHE
34 + 33 + 33 = 100 GESÄNGE
CANTI
14233 Verse
gereimte Elfsilbler
11
SPRACHE DES VOLKES
ITALIENISCH
NICHT LATEIN!
BILDUNGSSPRACHE
3 PARADIES
PARADISO
Irdisches Paradies
Garten Eden
DER GIPFEL DES LÄUTERBERGS
PARADIES
Himmlisches Paradies
9 HIMMELS-SPHÄREN
RIO
SEN
STOLZ
NEID
ZORN
FAULHEIT
GIER
VÖLLEREI
WOLLUST
TOD-
DEN
Jeder Bereich und Unterbereich weist bekannte „BEWOHNER" auf
Historische Personen
Biblische Personen
Mythologische "
Gegenwartsbez. Personen
Fiktive Personen
1. ABSTIEG in die Hölle
2. AUFSTIEG Läuterungsberg
3. FLUG durch Himmelsphären zum EMPYREUM (heller Himmel)

Blankophil vs. blankophob

Da wir uns gerade mit dem Seitenaufbau beschäftigen, möchte ich noch eine Sache zur Sprache bringen.

Ich teile die Menschen gerne in blankophil und blankophob ein.

Blankophobe Menschen sind die, die weiße Flächen nicht ertragen können und sich ärgern, wenn das Blatt nicht komplett gefüllt ist.

Blankophile Menschen finden es nicht schlimm, wenn hier und da weiße Flächen zu sehen sind oder vielleicht sogar ein größeres Stück des Papiers nicht gefüllt ist.

Ein Plädoyer für die Blankophilie!

Frei nach dem Titel eines Buches über Grafik-Design, »White Space is not your Enemy« versuche ich mal, eine Lanze für den Freiraum zu brechen.

Anfang des Jahrhunderts hingen im Louvre alle Gemälde eng an eng. Klar, man wollte zeigen, was man hat, aber leider stehen die Meisterwerke dann so dermaßen im Wettbewerb um die Aufmerksamkeit des Betrachters, dass alle zu kurz kommen und es eigentlich nur Verlierer gibt. Inzwischen wissen das auch Kuratoren und geben den Dingen Raum. Schaut euch an, wie die Mona Lisa hängt, und dann schaut auf eure Sketchnote und seht die weißen Flächen wohlwollend an und freut Euch.

TEIL 4
LOS GEHT'S

Kapitel 10
Live-Vorträge

Kapitel 11

Individualisierung, Tipps, Tricks & Übungen

Gunter D
CARGO-K
Vereinfachung be
raus kon

Studie

sind z

wenn Aktivi

SMITH
Der Staat macht alles

„Geschäft, komm

LEISTUNGS-STRESS vs ACHTSAMKEIT

Gemeinsinn Besorgtheit

„Alles Ideale ist ein

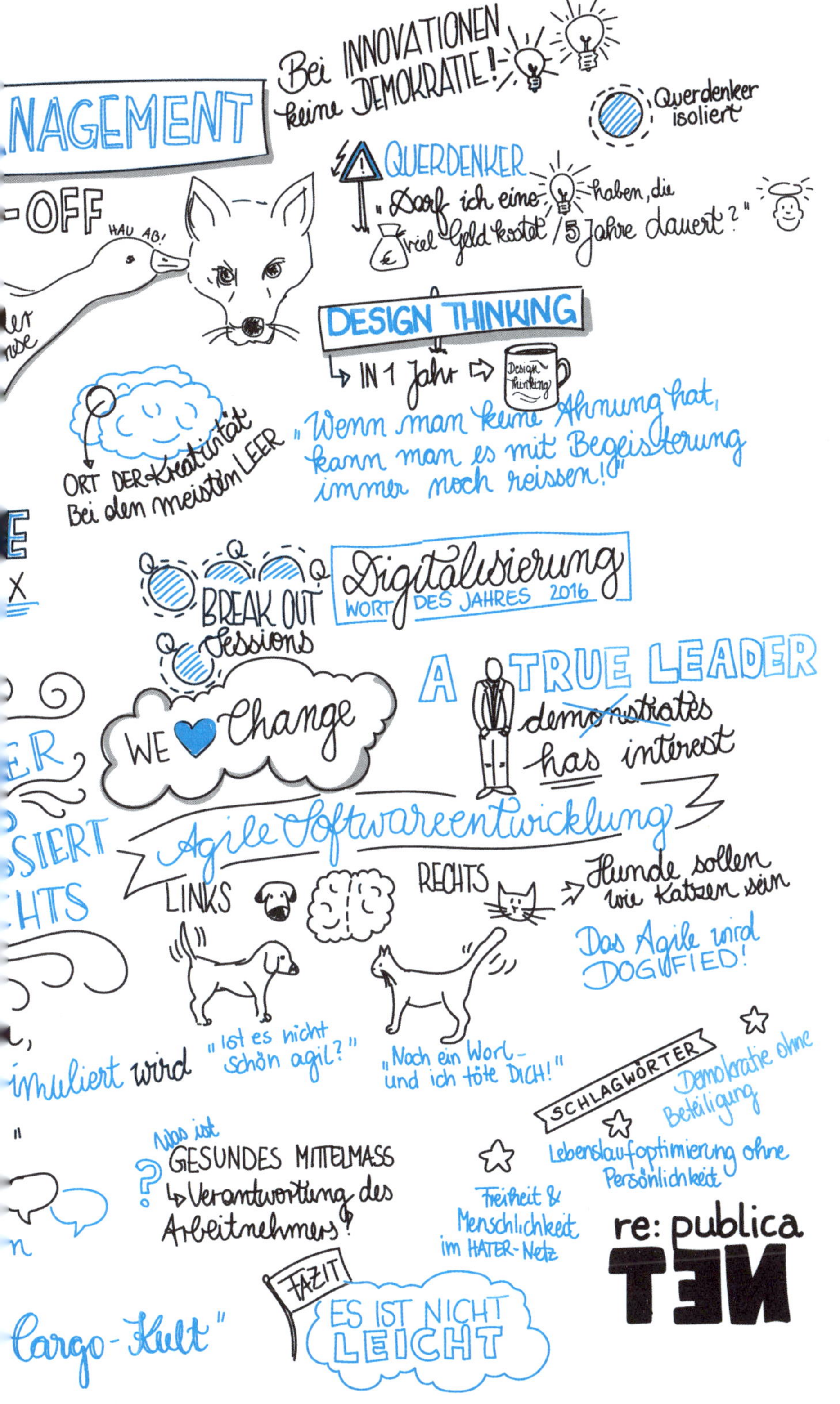
NAGEMENT
Bei INNOVATIONEN keine DEMOKRATIE!
Querdenker isoliert
QUERDENKER
„Darf ich eine [Glühbirne] haben, die viel Geld kostet / 5 Jahre dauert?"
-OFF
HAU AB!
DESIGN THINKING
IN 1 Jahr
Design Thinking
„Wenn man keine Ahnung hat, kann man es mit Begeisterung immer noch reissen!"
ORT DER Kreativität
Bei den meisten LEER
Digitalisierung
WORT DES JAHRES 2016
BREAK OUT Sessions
A TRUE LEADER
demonstrates has interest
WE ♥ Change
Agile Softwareentwicklung
LINKS
RECHTS
Hunde sollen wie Katzen sein
Das Agile wird DOGIFIED!
„Ist es nicht schön agil?"
„Noch ein Wort – und ich töte DICH!"
imuliert wird
SCHLAGWÖRTER
Demokratie ohne Beteiligung
Lebenslaufoptimierung ohne Persönlichkeit
Freiheit & Menschlichkeit im HATER-Netz
Was ist GESUNDES MITTELMASS
Verantwortung des Arbeitnehmers?
re:publica TEN
FAZIT
ES IST NICHT LEICHT
Cargo-Kult"

Live-Vorträge

Live-Vorträge sind eigentlich der ursprüngliche Haupt-Anwendungsbereich für Sketchnotes gewesen, aber sie sind längst nicht mehr der einzige. Ohne Sketchnotes wären meine Notizen ein nicht enden wollender Stapel von vollgekritzelten Blättern, die ich immer wieder lesen müsste, um eine Idee zu bekommen, worum es geht. Bei Sketchnotes sehe ich sofort: Ah ja, der Rüdiger Nehberg mit der Wildschwein-Geschichte. Live-Vorträge sind nun die Königsdisziplin der Sketchnotes. Im Folgenden will ich dir ein paar Tipps mit auf den Weg geben, wie du etwas stressfreier an die Sache herangehen kannst.

Für den Start gibt es ein paar einfache und naheliegende Hilfestellungen, wie man Dinge reduzieren kann. Leider gibt es aber keine wirkliche Pauschalhilfe, denn den Mut zu entscheiden, was du zeichnest und was du weglässt, bekommst du mit zunehmender Übung und auch das Gespür für das Wesentliche. Ein paar Tipps sollst du aber bekommen.

Höre auf Schlüsselworte

Super sind Sachen wie:

- Die drei wichtigsten Aspekte sind …
- Meine Favoriten sind …
- Am wertvollsten ist …
- Auf der einen Seite … auf der anderen Seite
- Zwei konkurrierende Ideen/Thesen/Produkte

- Früher, heute und in Zukunft
- Das neueste …
- Der nächste Punkt …

Orientier dich an der Bildsprache des Redenden

Spricht er in Metaphern aus der Seefahrt oder spricht er im wahrsten Sinne des Worte durch die Blume? Versuche das bildlich mit einzubinden.

Zeichne die erste Variante, die dir in den Kopf kommt

Erinnerst du dich an das Fahrrad ganz zu Beginn des Buches? Das ist ein sehr gutes Beispiel. Wenn du eine Idee für ein Bildzeichen hast, aber nicht genau weißt, wie es gezeichnet wird, zeichne einfach die erste Variante hin, die dir einfällt. Abstrahier soweit wie möglich. Kein Mensch wird dich dafür kritisieren, dass dem CD-Player ein Knopf fehlt oder bei dem Huhn der Flügel zu weit oben sitzt.

Zeichne einen coolen Titel

Eigentlich immer gibt es im Vorfeld Informationen. Wenigstens den Titel kennst du vorher, und wenn der zum Beispiel lautet: »Herr Schnucki stellt heute zehn Aspekte zur Verbesserung der Kommunikation mit deiner Katze vor«, jubiliert dein Sketchnoter-Herz, weil du erstens weißt, dass es zehn Punkte sind, zweitens, dass du Katzen üben solltest, und drittens, dass du das weite Feld der Kommunikation zeichnen wirst, und du kannst dich da schon gut drauf vorbereiten. Ein Banner ist übrigens immer wieder cool.

An der Gliederung orientieren

Bei einem Vortrag mit PPT-Folien gibt es oft eine kurze Zusammenfassung am Anfang, was dich erwartet. Hier musst du nun aufmerksam sein und dir schon überlegen, wie du das dann umsetzen wirst.

Besorge dir vorab Informationen

Perfekt ist, wenn du schon vorher Zugriff auf die Präsentation oder die Zusammenfassung (Abstract) haben kannst. Zeichnest du im Auftrag von jemandem, frag nach allem, was du zu dem Anlass und Thema bekommen kannst.

Informiere dich allgemein über das Thema (sofern du dich nicht sowieso schon auskennst) und überlege dir im Vorfeld Bilder für wichtige Aspekte.

Nutze bestehende Bildsprache

Manchmal wundert es mich, was es schon alles für etablierte Bildzeichen gibt. Inklusion etwa hat ein eigenes Label und viele andere Dinge auch. Manche Firmen oder Institutionen haben bereits auf ihrer Webseite eine bestimmte Bildwelt gewählt. Such dir die passenden Informationen und bring es in deine Sketchnote ein.

Zeichne dir schon Icons und nimm sie mit als deine eigene Vorlage.

Wenn du im Vorfeld schon ein kleines Repertoire zusammengestellt hast, wird es dir ganz leicht fallen, beim jeweiligen Stichwort die Vorüberlegungen wieder abzurufen. Das ist ein wenig wie Vokabeln lernen.

Content First ist das Mantra der Graphic Recorder und Sketchnoter. Wenn du nämlich inhaltlich was verpasst, ist das schlecht, hast du einen wichtigen Aspekt „nur" hingeschrieben, ist das schlimmstenfalls eine vertane Chance mit einer Zeichnung noch mehr Aufmerksamkeit für das Notierte zu bekommen.

Mit Bleistift hinschreiben und später fertig stellen

Wenn du das Gefühl hast, an dieser Stelle wäre eine besondere Schriftart toll oder du hast eine grobe Idee für eine Zeichnung, aber dir fehlt ein wenig die Zeit? Zeichne mit Bleistift vor oder schreib das Wort auf und stelle es später fertig. Wichtig ist nur, dass es nicht zu viele Punkte sind. Unter Umständen kommt der nächste Vortrag gleich im Anschluss und dann wird es ein wenig stressig.

Gerade am Anfang ist Zeitmanagement das A und O. Im Grunde musst du bei einer Live-Sketchnote ja gleichzeitig

- hören
- verstehen
- entscheiden, was wichtig ist = reduzieren
- in Bildsprache übersetzen
- entscheiden, wo was hinsoll, und das Ganze dann
- zu Papier bringen

Das ist schon eine logistische Meisterleistung deines Hirns. Mit der Übung – das kann man wirklich nicht oft genug wiederholen – wird das einfacher.

Such dir ein paar TED-Talks oder andere Videos aus und versuche, nur durch Zuhören die wesentlichen Punkte herauszufinden. Zeichne zunächst noch nicht, sondern mach dir nur Notizen. Am Ende kannst du schauen, ob du den Vortrag verstanden hast und die Kernpunkte gehört hast. Wenn du es ein paar Mal gemacht hast, ist es einfacher. Die meisten Redner wollen ja auch, dass der Zuhörer dem folgen kann, was sie sagen, und im besten Fall auch noch behält, worum es ging. Viele geben daher gerne versteckte Orientierungshilfen.

Überlege dir Möglichkeiten, die gängigen Schlüsselbegriffe zu visualisieren. Du wirst merken, wie dankbar du für jedes Objekt bist, das erwähnt wird. Der Stein des Anstoßes, die Mauer des Schweigens, der Apfel der Verführung und so weiter. Du wirst lernen, anders zuzuhören.

Kapitel 11

Individualisierung, Tipps, Tricks & Übungen

INDIVIDUALISIERUNG VORAUS

Jeder hat in seinem Bereich einige Begriffe, Produkte, Objekte, die immer wieder vorkommen. Beim Tischler ist es Holz, Hobel, Säge ..., beim IT-Experten ist es PC, Laptop oder Kabel, bei Krankenhauspersonal Spritze, Krankenbett und Patient und ein Coach braucht wahrscheinlich viele Zeichnungen zu zwischenmenschlicher Kommunikation. Wichtig ist daher, dass du dein eigenes Bildvokabel-Repertoire findest.

Im Folgenden zeige ich dir, wie du deine persönliche Icon-Bibliothek schaffst.

Nimm dir eine Viertelstunde Zeit und versuche, so viele Begriffe wie möglich zu finden, die du immer wieder verwendest. Das kann man auch gut mal mit Kollegen und Freunden machen, wenn diese Ahnung von deinen Themen haben.

Jetzt brauchst du ungefähr weitere 30 Minuten, um herauszufinden, wie man sie darstellen kann. Das geht auch zu zweit sehr gut.

Auch hier musst du das Rad nicht neu erfinden. Wenn dir selbst so überhaupt keine Idee kommt, such im Internet unter der Bildersuche (am besten mit dem englischen Wort, da ist die Ausbeute größer) mit der Ergänzung »icon«. Wenn es da Einträge gibt, die passen, versuch, deine eigene Version davon zu zeichnen.

Wichtig ist aber, es zunächst ohne Vorlage zu versuchen. Oder probiere, ob du komplexe Darstellungen so weit vereinfachen kannst, dass man noch erkennt, was es sein soll, du aber nicht lange brauchst, sie zu zeichnen.

Gibt es gar keine Einträge, ist der Begriff vielleicht zu speziell, komplex oder unbekannt. Dann geh dazu über, ihn mit einer besonderen Schrift hervorzuheben, bis du vielleicht doch noch eine zündende Idee hast.

Kombiniere bekannte Objekte mit deiner Welt und schaffe so Neues.

Ich hatte vor einiger Zeit eine Anfrage von einem Masterstudenten, der eine Sketchnote für seine Abschlussarbeit brauchte. Es ging grob zusammengefasst um Innovation und es hing mit der Automobilbranche zusammen. Ein Punkt hatte was mit Leuchtturm-Projekten zu tun, also habe ich ein Auto mit einem Leuchtturm kombiniert.

Die eigene Themenwelt finden

Es gibt Vorlieben, die sich wunderbar übertragen lassen. Bei dem einen ist es die Natur, die Berge oder das Meer, ich persönlich mag, wie du ja bereits gemerkt hast, Raumschiffe, UFOs, Galaxien und Roboter. Andere mögen Tiere als Symbole ... Die Themenwelten lassen sich oft gut als Metaphern nutzen. Such dir deine Themenwelt, die dir Spaß macht und dadurch leichtfallen wird.

Einige Beispiele hast du ja bereits im ersten Kapitel kennengelernt.
Die Welt des Meeres, der Schifffahrt und Navigation, natürlich das Weltall, Berge und Natur, Tierreich, und so weiter.

Zeichne möglichst viele Dinge aus der Themenwelt, die du dir ausgesucht hast, und überlege in einem zweiten Schritt, wie du sie eventuell auch als Metapher für einen abstrakten Begriff oder etwas anderes benutzen kannst.

TIPPS, TRICKS UND ÜBUNGEN

Denn Übung macht den … ich wiederhole mich :)

Mit einer Schere kannst du gut Kreise ziehen. Einen Finger in das eine Griffloch, in das andere einen Bleistift, dann mit dem Finger die Schere auf dem Blatt fixieren und mit dem Stift einen Kreis ziehen. Hier ist eine kleine Nagelschere super, die ein wenig klemmt, sodass man unterschiedlich große Kreise hinbekommt. Das ist übrigens auch ein gutes Hilfsmittel für Kreise an Flipcharts, da muss die Schere nur dementsprechend größer sein.

An einer Fensterscheibe durchpausen

Manchmal muss es ein konkretes Objekt sein, also zum Beispiel ein Auto einer bestimmten Marke oder ein Schuh, ein spezielles Tier … Wenn du das im Vorhinein weißt, kannst du das Objekt in der passenden Größe ausdrucken und dann durch eine Fensterscheibe durchpausen.

Mit Schablonen arbeiten

Es gibt inzwischen in gut sortierten Schreibwarenläden und sogar häufiger bei einem bekannten Kaffeeverkäufer Schablonen mit allen möglichen Motiven. Ich selbst habe eine Schablone mit Kreisen in verschiedenen Größen, die ich immer dann benutze, wenn ich mehrere Kreise zeichnen will, die alle den gleichen Durchmesser haben sollen.

Eigene Schablone basteln

Ich musste mal für einen Auftrag ein bestimmtes Bauwerk mit einer sehr charismatischen Form auf jedes Blatt in die Fußnote zeichnen. Dafür hat sich die Mühe gelohnt, eine Schablone anzufertigen.

Du nimmst einen in der Größe passenden Ausdruck des Objekts und brauchst etwas dickeres Papier z.B. Fotokarton und legst den Ausdruck darauf. Dann entweder mit Kohlepapier auf den Karton übertragen oder mit einem Kugelschreiber fest aufdrückend die Konturen nachzeichnen. Dann einfach ausschneiden und eventuell ein paar Linien im Inneren mit einem Papierskalpell oder Teppichmesser ausschneiden. Fertig ist die Schablone.

Stempel anfertigen lassen

Wenn du wiederkehrend ein Symbol verwenden willst, das nach Möglichkeit immer gleich aussehen soll, kannst du es aufzeichnen und einscannen. Den Scan dann als PDF an einen Stempelhersteller schicken und schon bekommst du einen Stempel von deinem Objekt, z.B. eine Zeigehand oder etwas anderes, was etwas komplexer ist. Beachte, dass es Vorgaben für die Strichdicke gibt. Wenn du keinen Stempeleffekt auf deiner Sketchnote magst, besorge dir ein hellgraues Stempelkissen, dann kannst du es dezent auf deine Sketchnote stempeln und dann mit Fineliner nachzeichnen.

Eigene Sketchnotefibel erstellen

Manchmal gelingen einem Zeichnungen besonders gut oder man hat die zündende Idee für die bildliche Umsetzung von einem Begriff. Warum jedes Mal neu überlegen, wie man es darstellen könnte? Ich zeichne mir die kleinen Bildchen dann in ein Notizbuch, das ich nach Kategorien sortiert habe, um leichter Sachen wiederzufinden.

Vorteile: Es ist dein eigener Stil und du weißt genau, dass du das, was du da siehst, schon mal hinbekommen hast. Wenn du unsicher bist, versuche, die Zeichnung in eine Strich-für-Strich-Vorlage umzuwandeln. Dann weißt du auch in einigen Wochen oder Monaten noch, wie es gezeichnet wird.

Evernote

Andreas Gärtner hat bei unserem ersten Aufeinandertreffen erzählt, dass er seine Iconfibel mit Evernote angelegt hat. Dazu hat er mit dem Handy Fotos der Bilder gemacht und sie über die Schlagwortfunktion abgelegt. Bei ihm sind das inzwischen mehrere Tausend Begriffe.

So entstehen eigene Strich-für-Strich-Anleitungen

Wenn dir eine Zeichnung gut gelungen ist, versuche sofort, nachzuvollziehen, wo du angefangen hast. Zeichne möglichst einfache Formen, gerne können das Buchstaben sein; mit M, I, U, O, C kommt man schon ziemlich weit. Zeichne die einzelnen Stadien der Zeichnung nun nebeneinander, wie du es in diesem Kapitel gesehen hast. Selbst wenn du das Icon lange nicht mehr gezeichnet hast, wirst du dich so ganz schnell erinnern, wie es entsteht.

Auf der nächsten Doppelseite findest du viele Icons für deine privaten und beruflichen Termine, sodass du die ersten Icons in deinem Alltag einbauen kannst.

Für den Einstieg
PRIVATES
PARTY
bei
Werkstatt
17:45
OSTERN
Geschenk
FÜR
BESORGEN
Essen gehen
TIER Arzt
Geburtstag
Reise
NACH
AUF 'nen
Kaffee mit
Frohes FEST
ZAHN Arzt
WASCHTAG
EINKAUFEN
Friseur
TRAINING
19-21⁰⁰
SAVE THE DATE
KINO
Urlaub
bis 19.08.
BUCH lesen

ToDo
BERUFLICHES
Telefonat
13:30
MIT
Meeting
Bericht
abgeben!
Online-Konferenz
VERTRIEB
ZIEL
?
Gespräch
Deadline
R.I.P.
17.03
Dringend
Budget
STEUER
€
PLANUNG
Evaluation
WORK
LIFE
Balance
Vertrag
PRÜFEN
§
@
E-MAIL
WEBSEITE
ÄNDERN

Üben aller gelernten Aspekte in einer Zeichnung

Jetzt wird es ernst. Aber du bist ja gut vorbereitet. Nachdem du ja alles Wesentliche über Sketchnotes erfahren hast, kannst du üben, üben, üben :)

Mike Rohde hat in seinem zweiten Buch schon einige gute Hinweise gegeben, wie man Sketchnotes-Üben in den Alltag integrieren kann, die will ich gar nicht wiederholen, daher ein kleiner Einblick in das, was ich so mache, denn diese Übungen sind die Etüden des Sketchnoters, und wie ein Solist jeden Tag auf seinem Instrument übt, um besser zu werden und routinierter, solltest du auch versuchen, so oft wie möglich zum Stift zu greifen.

1–5 Minuten
Iconfibel erweitern

In regelmäßigen Abständen überlege ich mir Begriffe aus einem Themenbereich und versuche, kleine Icons dazu zu zeichnen, um so meine eigene Fibel der Bilder zu ergänzen und zu erweitern. Inspirationsquelle für diese Themenwelten können Filme, Bücher, Gespräche oder auch Werbeplakate sein. Auf meiner Webseite findest du bereits einige fertige Vorlagen zum Download.

Einkaufszettel

Ich versuche, meine Einkaufszettel zu nutzen, und muss dann aufpassen, dass mir nichts durch die Lappen geht, weil ich so versunken bin, eine Milchtüte zu zeichnen.

15 Minuten

Rezepte & Anleitungen

Vor einigen Jahren habe ich mal das Buch »They Cook and Draw« zum Valentinstag bekommen und danach war ich von Sketchnotes-Rezepten völlig begeistert und habe, wann immer ich nach Rezepten gefragt wurde, gleich beherzt zum Stift gegriffen und wild Paprika, Tomaten und Rucola gezeichnet.

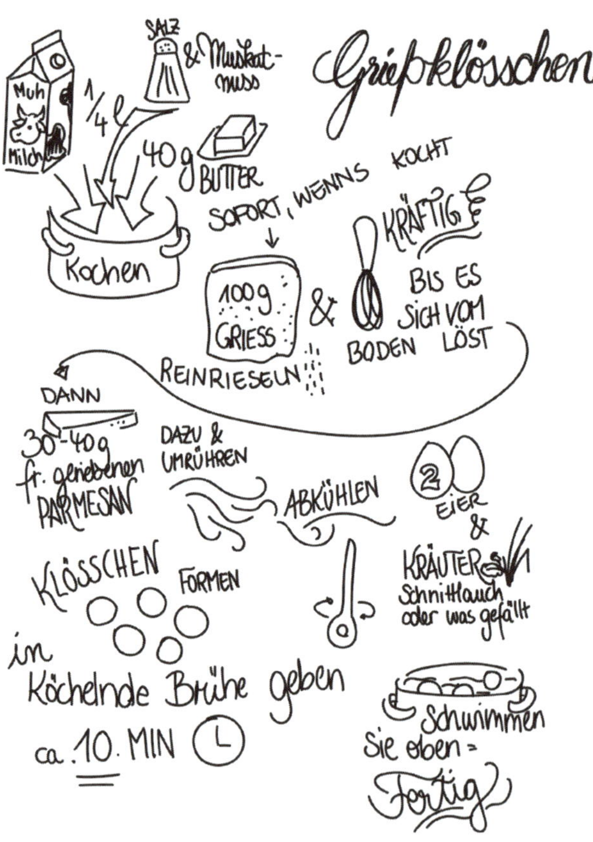

Ein tolles Weihnachtsgeschenk wäre doch mal eine kleine Kollektion der besten Rezepte aus deiner Küche, Cocktailbar, Backstube, Gartenanleitungen, Reparaturtipps oder woran du auch immer Freude hast.

60 Minuten
Landkarten

Ich finde Landkarten absolut faszinierend und es gibt einige Bücher, die sich die Ästhetik zunutze machen und Landkarten fiktiver Länder nutzen, um Prozesse zu beschreiben. Ein schönes Beispiel ist »The Innovation Expedition«. Eine Übung, die ich sehr mag: Zeichne eine Landkarte zu einem Thema deiner Wahl.

Meine letzte Reise, mein Lebensweg, meine Hobbys, meine beruflichen Ziele. Es eignet sich alles, was verschiedene Aspekte hat und eine gewisse Abfolge. Jetzt beschrifte jeden Punkt, der ja ein Ort auf deiner Karte ist, in einer anderen Schriftart und versuch, kleine Symbole zu finden, die das Ganze ergänzen. Ein Freund hat so etwas auch mal mit einem geschichtlichen Thema gemacht, das er für eine Prüfung gebraucht hat.

Aktuelle Themen

Auf der re:publica gab es 2016 einen Talk, bei dem eine junge Frau, Isa Lange, davon erzählte, dass sie Bilder aus Nachrichten zeichnet, um so dem Geschwindigkeitsrausch zu entgehen, mit dem täglich neueste Meldungen auf uns einprasseln. Manchmal versuche ich, mithilfe von Sketchnotes Dinge zu verstehen. Etwa den Konflikt zwischen Israel und Palästina oder auch schon mal Industrie 4.0.

Sketchnotes als Infografiken

Ich bin so ein kleiner Wissensjunkie und finde es sehr spannend, Informationen zu den unterschiedlichsten Dingen zu sammeln. Das können fun facts sein oder auch Listen, chronologische Zusammenhänge und vieles mehr. Im Moment beschäftige ich mich zum Beispiel wegen eines Auftrags verstärkt mit Astronomie, aber ich habe auch ein privates Projekt zum Thema Meeresungeheuer – unterteilt in Mythologie, Literatur & Film, Religion, Regional-Legenden etc. und sammele da gerade fleißig, um etwas daraus zu machen. Ich habe aber auch schon mal Infografiken zu den Sieben Weltwundern gemacht oder zu den Todsünden, den Taten des Herakles … was ich halt gerade spannend finde.

Such dir ein Thema, das dich interessiert und mit dem du dich schon immer mal beschäftigen wolltest, und gestalte eine Sketchnote dazu. Kombiniere Fakten mit kleinen Bildern und versuche, das Ganze übersichtlich und so zu Papier zu bringen, dass du alle wesentlichen Informationen wieder abrufen kannst, wenn du die Sketchnote erst in einem Jahr wieder anschauen solltest.

7 Weltwunder der Moderne
8.-11. Jh.
Chichén Itzá
Maya-Ruinen
MEXICO
48 m
ROM
188 m
72-80 n.u.Z.
50.000
KOLOSSEUM
Vespasian
Petra
JORDANIEN
Datierung schwierig
1 Jh.v.u.Z.- 2 Jh.n.u.Z.
Grabtempel
INDIANA JONES
Cristo Redentor
28m
ab 1931 erbaut
30m
Rio de Janeiro
BRASILIEN
PAUL LANDOWSKI
8m
~21.000 km
7. Jh begonnen
Chinesische Mauer
58 m
Taj Mahal
*1631
Agra INDIEN
100 m
BAU
50
100 m
ANDEN
Urubambatal
PERU
*~1450
~1000
Machu Picchu
2360 m hoch gelegen

A book a page

Alle Jubeljahre staube ich mal mein Bücherregal gründlich ab, was damit endet, dass ich auf dem Boden umgeben von Bergen von Büchern sitze und hier und dort mal hineinlese, ganz begeistert bin über die Schätze, die ich wieder entdecke, und nicht recht vorankomme. Meistens frage ich mich bei 80% der Krimis, ob ich die überhaupt schon gelesen habe, und bei einigen Fachbüchern und Ratgebern ist es ähnlich.

Also habe ich mir angewöhnt, bei Büchern, die ich wichtig finde bzw. deren Inhalt ich für erinnernswert halte, eine Sketchnote mit den wesentlichen Punkten auf einer Seite zu machen.

Auf Englisch klingt es netter, deswegen ist das meine Rubrik »A book a page«. Mir hilft das sehr, mich zu erinnern, und es ist eine Superübung, um zu reduzieren und sich auf das Wesentliche zu konzentrieren. Dante hast du ja schon gesehen.

365-Tage-Projekte

Im Netz verbreiten sich seit einigen Jahren 365-Tage-Projekte wie verrückt. Manche machen jeden Tag ein Foto von sich selbst, andere suchen in ihrer Umgebung nach -bestimmten Formen, zum Beispiel Herzen, und fotografieren dann Kieselsteine, Blätter oder Pfützen, die aussehen wie Herzen, oder legen ihre Schnürsenkel in Herzform und fotografieren die dann.

Ein extrem beeindruckendes Projekt stammt von Noah Scalin, der sich wohl aufgrund seines Nachnamens mit dem Thema Totenköpfe (englisch Skull) beschäftigt hat und zunächst 365 Tage lang jeden Tag einen Totenkopf fabriziert hat. Nicht auf die kriminelle Art und Weise versteht sich, sondern aus Schnee, gezeichnet, gehäkelt und, und, und.

Der Fantasie sind keine Grenzen gesetzt, und die Idee ein Jahr lang durchzuhalten, ist vielleicht zu Beginn ein wenig abschreckend, aber wenn du es erst mal geschafft hast, wirst du noch viel besser sein. Also versuch doch einfach mal, jeden Tag ein Sketchnote-Symbol zu zeichnen oder jeden Tag ein Wort zu schreiben, oder sogar eine Kombination aus beidem.

LESELISTE

Unbedingt ergänzend lesen:
Ein paar Dinge, die dich vielleicht an Sketchnotes noch interessieren, habe ich nicht erwähnt, weil Mike Rohde dazu schon ein großartiges Buch geschrieben hat: Das Sketchnote-Handbuch. Da die Starthilfe in einer Reihe mit den beiden Büchern von Mike Rohde zu sehen ist, hätte ich das doppelt gemoppelt gefunden.

Wenn du weitere Ideen bekommen willst, womit du üben kannst, ist auch das zweite Buch von ihm sehr zu empfehlen, das eine gute Hilfe ist, aktiv zu bleiben.

Sketchnote Einführung und Arbeitsbuch
Mike Rohde I: »Das Sketchnote Handbuch«
Mike Rohde 2: »Das Sketchnote Arbeitsbuch«

Daneben sehr inspirierend
- Lynne Cazaly »Visual Mojo«
- Sunny Brown »The Doodle Revolution«

Beides Bücher, die für mehr Mut zum Visualisieren plädieren.

Die zauberhafte Anja Weiss hat eine Hommage an Sketchnotes und Graphic Recording geschrieben mit vielen Bildbeispielen und zahlreichen Hilfestellungen.

Mauro Toselli, bekannt von der Sketchnote Army, hat ein kleines aber feines Büchlein veröffentlicht mit ebenfalls Strich-für-Strich-Anleitungen aber mit einem etwas anderen Stil.

Der wunderbare Malte von Thiesenhausen, dessen Arbeit ich sehr bewundere, hat das wirklich coole Ad Hoc Visualisieren in seinem Buch grandios bebildert und verständlich beschrieben. Er ist nicht umsonst ein preisgekrönter Comiczeichner.

Kreatives Selbstvertrauen

Danny Gregory »An Illustrated Life«
David Kelley »Creative Confidence«

Visualisierung

UZMO »Denken mit dem Stift«

Bildsprache

Petra Nitzschke »Bildsprache«
»Bikablo 1-3«

Figuren

»Wenn die Linie laufen lernt«
»Comic-Figuren zeichnen Step by Step«

SCHRIFTEN

Die Liste der Bücher zum Thema Typographie, Handlettering und Moderne Kalligraphie ist sehr lang. Wie bei allem eine rein subjektive Auswahl.

Daher hier nur eine kurze Liste.

Zum Üben von Schreibschrift

»Modern Calligraphy« - Molly Suber Thorpe

Für Handlettering

Zum Durchblättern sehr schön:
»Drawing Type - An Introduction to illustrating Letterfonts«

Reale Projekte

»Typography Sketchbook«
Ein Ausmalbuch der besonderen Art
»The Typography Colouring Book«
Ich mal nichts aus, aber nutze es als Inspirationsquelle

Wenn du dich jetzt wunderst, warum die alle auf Englisch sind, muss ich erwähnen, dass es keine deutschen Bücher gab, als ich angefangen habe, mich mit dem Thema zu beschäftigen. Inzwischen gibt es auch einiges auf Deutsch, aber die habe ich mir noch nicht angesehen und kann daher nichts zu ihnen sagen.

Weil sie einfach Spaß machen:

»Mr Typo und der Schatz der Gestaltung«
Ich liebe dieses Buch, das mit herrlichem Comicstil viele Aspekte von Typographie vermittelt und spielerisch und mit viel Freude Wissen vermittelt.

»Das Superbuch für Superhelden«
Du kannst nicht nur lernen, wie man Superhelden zeichnet, sondern bekommst auch viele Ideen rund ums Thema. Inklusive Superheldenmaske :) Die Zielgruppe ist sicher eigentlich jünger, aber wen stört das.

Linkliste auf meiner Webseite

Da sich Links ändern können und ich es immer sehr frustrierend finde, wenn ich in Büchern cool klingende Links finde und die dann nicht mehr funktionieren, gibt es statt einer Liste hier im Buch eine Liste auf meiner Webseite, die ich einfacher auf einem aktuellen 404-freien Stand halten kann.

ZU GUTER LETZT

Ich lese immer gerne die Danksagungen in Büchern, weil die manchmal wirklich lustig sind, und hatte mir immer überlegt, sollte ich jemals in die Situation kommen, dass ich eine Danksagung vom Stapel lassen darf, dann aber doch amüsant. Und jetzt sitze ich hier mit dem Wunsch, dass endlich alles fertig ist und ich ganz bald das fertige Buch in Händen halten kann. Ich könnte Out-takes-gleich darüber schreiben, wie oft ich Strick-für-Strick-Anleitungen geschrieben habe, was besonders witzig ist, weil ich die größte Handarbeitsniete vor dem Herrn bin. Das war's dann aber auch schon mit »Lustige Momente während ich mein erstes Buch schrieb«. Tatsächlich war es viel mehr Arbeit als ich dachte und hat mir eine große Schwäche offenbart. Ich bin keine gute Vollenderin. Die Idee hatte ich schon sehr lange und die Inhalte auch, aber die Fleißarbeit, das alles in ein Buch zusammenzupacken, hat mich einige Male zur Verzweiflung getrieben. Kombiniert mit meiner Ungeduld und meinem Perfektionismus, der so ungern in die Cafeteria wollte, hat es sich gut in die Länge gezogen.

Danke sagen will ich jetzt aber natürlich auch. Zunächst Sabine Schulz vom mitp-Verlag. Endlich verstehe ich, warum Autoren immer wieder ihren Lektoren danken. Sabine war sofort von meiner Idee überzeugt und anschließend schwer geforderter persönlicher Motivationscoach und unaufdringliche Antreiberin.

Sabine: Das finde ich schon richtig toll und freue mich auf mehr. Ich: Es gefällt ihr, Gott sei dank, oha ich muss mich ranhalten, schnell zurück an die Arbeit.

Und das Beste, Sabine: Darum musst du dich nicht kümmern, das ist mein Job.

Ich: Ja, geh weg du langwieriges Gliederungs-Inhaltsverzeichnis-Dingsi.

Ich schulde Dir einige sehr gute Kaffees und ich freu mich auf mehr.

Und wenn wir schon beim Buch als solches sind, will ich auch Petra Kleinwegen meinen Dank aussprechen, die meine wilden Indesign-Dateien mit stoischer Gelassenheit geordnet hat, sich durch hunderte, schlecht beschriftete Grafiken und Illustrator-Dateien gekämpft hat und doch immer gut gelaunt konstruktiv Kritik gab und auch noch Verbesserungsvorschläge am Start hatte. Danke auch für die Begeisterung für dieses Projekt.

Mein persönliches Umfeld hat mich Cheerleader-gleich angefeuert und mich in all meinen Ideen bestärkt und unterstützt. Danke an alle meine Freunde und Lieben.

Großen Dank aber auch meinen vielen fantastischen Workshop-Teilnehmenden, die mit ihren Feedbacks und ihrer Begeisterung viel zu diesem Buch beigetragen haben. Ich habe wirklich den besten Job der Welt.

Und im Besonderen möchte ich drei Menschen danken: Peter, du bist echt mein Chaoszwilling und der Spruch von Einstein ist auch für Dich! ;) Ja, blätter mal schnell zurück. Danke für deine Motivation und die Zeitabsprachen nach dem Motto: »O.k. es ist 10 Uhr, um 18 Uhr telefonieren wir wieder, bis dahin habe ich 10 Seiten fertig und du drei Kapitel Korrektur gelesen.« Geht doch :)

Während ich noch zaudere, ist für meine Freundin Ines immer klar, dass das alles gut geht. Angefangen mit meiner beruflichen Entwicklung hin zur Selbstständigkeit bis zu diesem Buch. »Pffff, natürlich wird das cool und geht sich alles aus, ich hab da keinen Zweifel.« Auf Dauer glaubt man das dann auch selbst. Danke für deine Zuversicht, Euphorie und deine Freundschaft. Hast wohl aufs richtige Pferd gesetzt. ;)

Und last but not least, Marcus, ohne dich würde das alles nicht klappen und es wäre nur der halbe Spaß. Du bereicherst mein Leben so sehr mit deiner Wertschätzung und schwedischen Ruhe, mit all deinen Ideen, Gedanken, Wortspielen und nicht zu vergessen: Kaffeespezialitäten und Quacks. Du bist wirklich mein Lebenspartner und ich danke dir für alles.

INDEX

L

M

N

T

U